北京市学前教育研究会"十三五"优秀课题成果

幼儿园各年龄班 生活活动的 特点与教育策略

李春华　主编

中国农业出版社
北　京

编写人员名单

主　　编：李春华

副主编：段　卫　杨　莉

编　　委：宋　丹　张锦云　杨　莹　赵　艳

樊美华　刘飞霞　冯雪艳　赵　婧

乔丽丽　李　琳　彭春霞　姚晓焕

李　威　关正印　郭艳春　张　琪

王庭芳　李　淼　张　迪　王新宇

贾小雪　方　欣　马　燕　姜海英

张晓娣　郭智慧　张亚楠　周　婷

韦怡冰　赵睿勉　张恒洋　陆盼盼

封艳娇　韩云香　张　茜　孙嘉琪

曹　洋　郝玉洁

前言

　　生活活动是幼儿园一日生活中最主要的活动。幼儿园认真学习贯彻《3~6岁儿童学习与发展指南》(以下简称《指南》),关注幼儿学习与发展的整体性,珍视游戏和生活的独特价值,尊重幼儿发展的个体差异。多年来,幼儿园团队努力践行《指南》精神,致力于幼儿园生活活动的研究与实践,旨在进一步提升幼儿园生活活动的质量。教师们能够更加关注幼儿学习与发展的整体性,既重视游戏活动,也十分重视生活活动,通过生活活动中高质量的师幼互动,促进幼儿身心和谐的健康成长及各方面能力的全面协调发展。在生活活动中,教师能够尊重幼儿发展的个体差异,能够有意识地关注每一位幼儿身心发展的个体需要,促进其富有个性的发展。

　　本书围绕幼儿园入园、盥洗、饮水、进餐、如厕、午睡、过渡、离园等生活活动,着重梳理与总结了大、中、小班幼儿在各生活活动中的年龄特点及教育指导策略,并收集了许多一线教师在组织生活活动时优秀的经验、案例,对于年轻教师提高生活活动的组织实施能力大有助益。

　　本书是石油勘探院幼儿园研究团队"十三五"课题研究成果的集中体现,体现了幼儿园教师团队在教育观念方面的转变以及在教育实践中所进行的勇敢创新与尝试。"路漫漫其修远兮,吾将上下而求索",我们将继续探索如何使幼儿教育更加符合幼儿的学习方式和特点,促进幼儿身心和谐、全面发展。教育改革永远在路上!

李春华

2021年8月

目录

第一部分

幼儿园生活活动的意义及目的

一、什么是幼儿园生活活动

幼儿园教育活动分为教学活动、游戏活动和生活活动。生活活动是幼儿在园的主要活动，以饮食起居等满足幼儿的生理需要为主要目标，包括入园离园活动、进餐活动、盥洗活动、饮水活动、如厕活动、午睡活动以及各活动之间的过渡环节活动等常规性活动。

二、幼儿园生活活动对于幼儿发展的作用及存在的问题

《指南》提出要珍视幼儿生活的独特价值，合理安排一日生活，理解幼儿的学习方式与特点。生活即教育，生活活动与游戏活动是幼儿在园一日生活中的主要活动，我们应该像重视游戏活动一样重视生活活动，因为生活活动质量的提高，既有利于幼儿的身心健康发展，又有利于幼儿园教师的专业发展，也有利于园所教育服务质量的进一步提高。具体表现在以下五个方面：第一，生活活动可以满足幼儿的生理需要，促进幼儿身体的健康发展；第二，生活活动可以提高幼儿基本的生活自理能力，帮助幼儿养成良好的生活、卫生习惯；第三，生活活动可以培养幼儿的社会适应能力，这不仅可以为孩子一生的健康打好基础，而且可以培养其独立性、自信心和责任心；第四，可以在生活活动中渗透语言、社会、科学、艺术等方面的内容，促进幼儿全面发展；第五，生活活动有助于教师了解幼儿的已有经验、需要和兴趣，为设计适宜的教学活动和区域活动奠定基础。

《幼儿园教育指导纲要》中指出："幼儿园教育必须遵循幼儿身心发展规律，尊重幼儿的年龄特点和学习特点，寓教育于生活及各项活动中，关注个别差异，促进每个幼儿富有个性的发展；要科学安排、合理组织幼儿一日生

活中的各项活动，寓教育于一日生活之中，发挥一日生活的整体教育功能。"《指南》中指出："为有效促进幼儿身心健康发展，成人应为幼儿提供合理均衡的营养，保证充足的睡眠和适宜的锻炼，满足幼儿生长发育的需要；创设温馨的人际环境，让幼儿充分感受到亲情和关爱，形成积极稳定的情绪情感；帮助幼儿养成良好的生活与卫生习惯，提高自我保护能力，形成使其终身受益的生活能力和文明生活方式。幼儿的身心发育尚未成熟，需要成人的精心呵护和照顾，但不宜过度保护和包办代替，以免剥夺幼儿自主学习的机会，养成过于依赖的不良习惯，影响其主动性、独立性的发展。"

当前幼儿园生活活动中存在着一些问题。第一，在教育理念方面，有一些教师还没有认识到生活活动对于幼儿发展的价值和意义，存在"重教学活动轻生活活动"的错误观念；另外，在生活活动指导过程中，有一些教师只关注幼儿的自理能力和生活技能方面的发展，忽视了幼儿在生活活动中整体性和全面性的发展，存在对生活活动的目标把握不够准确、不够全面的问题。第二，在教育实践方面，一些教师对生活活动的设计和组织还不够科学，对幼儿的年龄特点和发展目标的把握不够准确，这是导致生活活动设计和组织出问题的关键原因。一些教师在工作中出现生活活动目标要求过高或过低的问题。从目标的角度来说，"高者，孩子做不到，老师急得哇哇叫；低者，孩子不主动，老师累得汗珠掉。"有不少老师在生活活动的指导中还存在"高控"或"包办代替"等问题，孩子们的生活能力和生活习惯得不到更好地培养，同时也制约着园所教育服务质量的进一步提高。

三、生活活动中幼儿的特点及发展表现

幼儿的发展具有其自身特点，我们要根据幼儿的特点采取适宜的教育策略，才能切实促进幼儿在生活活动中的成长与发展。通过实践观察和研究，我们总结出幼儿在生活活动中的以下特点。

（一）幼儿的成长和发展具有自主性，愿意积极尝试做事情

《现代汉语词典》对自主的定义是"自己做主"。从心理学的角度来看，自主性是个性的一个方面，主要是指独立性和主动性，即不依赖他人，自己主动负责的个性特征。幼儿的自主性具体指幼儿按照自己的意愿，带着自己的问题，在自己的探索中解决问题，在自己的尝试中逐渐完成结果。幼儿的

发展是其个体因素与周围环境主动、积极相互作用的结果。幼儿与环境的相互作用是在活动中实现的。活动是幼儿发展的基础和源泉。幼儿的活动包括生理活动、心理活动及幼儿的实践活动。生活活动也是幼儿活动内容的重要组成部分，幼儿在生活活动中有积极尝试和学习的愿望，努力发展自己各方面的素质，提升自我效能感。例如，小班幼儿愿意模仿成人做事，但是，还需要成人的引导和帮助；中班幼儿做事的自主性加强，愿意积极尝试自己做事情，但有时会由于经验和能力所限受挫，需要成人的理解和引导；大班幼儿喜欢自己做主、做事、被尊重，自主性进一步提高。

由于幼儿自主性的发展，在探索尝试的过程中也会产生一些问题，例如在盥洗环节，各年龄段的幼儿都会出现在洗手时玩水、玩香皂和牙膏泡泡的行为；在如厕环节，不少幼儿出现贪玩憋便的问题；在尝试用刀、剪、针等工具时受伤等问题。对于幼儿在生活活动中的问题，教师要善于观察并积极与幼儿互动，给予理解、支持，并进行适当地引导和保护，满足幼儿的发展需求，引导幼儿健康快乐地发展。

（二）随着年龄的增长，幼儿的自理能力逐渐提高

随着幼儿的身心发展，其小肌肉动作水平逐渐提高。他们通过模仿学习、尝试挑战等方式使生活自理能力逐步提高。比如小班时，幼儿在进餐、饮水、穿脱衣服、自理大小便等方面还需要教师的提醒和帮助，进而逐渐掌握一些基本的自理技能。中班幼儿更愿意独立做事，自理能力提高，愿意尝试一些有挑战性的操作，如自己添饭、添菜，向老师和同伴展示自己的能力，但动作还不够熟练、精细、到位，同时做事情的时候容易被其他的事情吸引，做事较慢，会出现磨蹭的现象。大班幼儿的自我服务能力进一步提高，能够完成更高难度的动作，比如盛汤、缝扣子、用小刀切水果等，做事更加自主，质量要求也更高，还愿意帮老师做事，模仿成人的样子服务、照顾他人。

（三）在生活活动中，幼儿发现问题、解决问题的能力逐步提升

在参与各项生活活动时，由于经验不足等原因，幼儿会遇到各种各样的问题。随着幼儿的发展和成人的引导，幼儿发现问题、解决问题的能力会逐步提升。比如，小班幼儿在生活活动中遇到问题时，还不会主动地寻求帮助，需要教师发现后及时给予帮助和引导，并告诉幼儿遇到问题时怎样向老师求助；中班多数幼儿能够在遇到问题时，通过语言告诉老师，有时还会变

成"小老师"，并以自己有限的经验主动尝试解决问题。大班幼儿的生活经验不断丰富，在遇到问题时能够采用更多的办法积极地解决问题，如自己想办法，与同伴商量，求助伙伴或者老师等。

（四）在生活活动中，幼儿的社会性逐步发展

幼儿的社会性是指幼儿在其生物特征的基础上，在与社会生活环境相互作用的过程中，逐步掌握社会规范，形成社会技能，学习社会角色，获得社会性需要、态度、价值，发展社会行为，并以独特的个性与人相互交往，相互影响，适应周围社会环境，由自然人发展为社会人的社会化过程中所形成的儿童心理特征。《指南》中指出，人际交往和社会适应是幼儿社会性发展的基本途径。幼儿的社会性主要是在日常生活和游戏中发展起来的。由于幼儿社会交往发展的需要，在幼儿园生活活动的各个环节，幼儿往往喜欢和小伙伴们聊天、交谈。例如在盥洗环节，幼儿喜欢和小伙伴们边洗手边交谈；在如厕环节，由于幼儿如厕时在心理上比较放松，他们喜欢在厕所和小伙伴聊天；在进餐、加餐环节，幼儿也喜欢和同伴聊一聊。对此，教师要正确理解和看待幼儿的行为，采取适宜的方法进行引导，在确保幼儿安全的前提下，也给予幼儿同伴间沟通、交流的机会。

（五）在生活活动中，幼儿的发展存在个体差异

《指南》中指出：每个幼儿在沿着相似进程发展的过程中，各自的发展速度和到达某一水平的时间不完全相同。在生活活动中，幼儿的发展亦存在个体差异。例如，在进餐环节，各年龄阶段幼儿在食量和进餐速度方面差异大；小班幼儿在独立进餐能力、进餐速度等方面都不一样。在午睡环节，幼儿睡眠需求个体差异大，睡眠的时间有长有短，入睡时间有早有晚，个别幼儿由于家庭教养习惯及个人身体素质不同，从来没有午睡过。对此，我们要给予幼儿充分的理解和尊重，尊重每一个孩子不同的学习方式，不同的发展进程，提供更有针对性的策略，促进每一位幼儿在原有水平上得到发展。

此外，个别幼儿还会有一些特殊的生活需要。如有的孩子对很多食物过敏；有的孩子必须包上纸尿裤才能大便；有的孩子必须抱着"依恋物"才肯上床睡觉，等等。对于这些有特殊需要的孩子，我们要与家长坦诚沟通，多方面查找原因，一方面充分给予理解和尊重，另一方面积极进行专业地教育和引导，对症下药，支持幼儿身心健康发展。

四、幼儿园生活活动的教育策略

根据幼儿在生活活动中表现出的年龄特点及发展的需要，我们可以采取以下教育策略培养幼儿良好的生活习惯，支持幼儿自主、全面的发展。

（一）保教管理统筹协调，实现自主化的生活活动

幼儿园生活活动的改革需要园所课程的顶层设计，必须实行全园性地统筹协调，才能使自主化的生活活动得以实现。

1.学习、明确生活活动的价值及幼儿的发展目标。首先要引领教师探究生活活动对于幼儿的重要意义和发展价值。通过理论学习与实践，多种方式引领教师充分挖掘生活活动的教育意义。教师通过观察、记录幼儿的生活环节，对自身组织生活活动进行反思和思考，逐步加深对幼儿园生活活动的认识和理解。同时，结合教师的实践和反思，引领教师逐步梳理、完善幼儿在各项生活活动中的发展目标，使教师对各年龄阶段幼儿的发展目标逐渐明确和清晰，这有利于教师在组织生活活动时做到"眼中有孩子，心中有目标，手上有方法"，更好地支持幼儿的成长和发展。在梳理、明确目标的过程中，要引领教师关注幼儿在生活活动中发展的全面性和整体性，如教师在指导值日生准备餐具的过程中，引导幼儿学习手口一致地点数，感知——对应的数学概念；通过报菜名培养幼儿语言能力的发展，兼顾到为他人服务、责任感等方面的发展。

2.探究并把握各年龄阶段幼儿的特点，体现幼儿发展的连续性。幼儿的年龄特点是指幼儿在每个年龄阶段发展过程中表现出来的显著特征。了解、把握幼儿在各方面发展的年龄特点有利于教师因材施教、有的放矢，提高教育的有效性，确保教育质量。幼儿园实施的教育，如果无视幼儿的主体性，不考虑幼儿的内在需要和发展水平，是不可能奏效的。因此，在探究幼儿园生活活动时，首先通过学习理论、教育实践经验等方式梳理，帮助教师明确大、中、小班幼儿在各生活活动中表现出来的共性特点，并根据幼儿的特点有针对性地研究教育策略。如针对小班幼儿的特点和发展目标，教师们通过游戏化、生活化地引导，耐心地教、耐心地等，帮助幼儿逐步掌握基本的生活技能。小班的关键词是"会"，教师们耐心地帮助孩子们完成从"不会"到"会"的转变。针对中班幼儿的特点和发展目标，教师们将生活活动的指导重点放在一个"快"字上，孩子们要在学会做事的基础上，学习如何更加

有序而快速地完成任务。通过提高幼儿的时间管理能力，促进幼儿发展。针对大班幼儿的特点和发展目标，确定的生活活动指导重点是"又好又快"，与孩子们共同讨论生活活动中遇到的问题，怎样才能把事情做得"又好又快"，在中班的基础上，继续鼓励幼儿进行自理、自立地尝试。

幼儿的发展具有连续性，因此，在幼儿园教育的各项活动中，要关注小中大班幼儿学习和生活的连续性。例如，中班幼儿开始学习使用筷子进餐，那么在小班后期，就开始为幼儿提供一部分筷子，鼓励有能力的孩子尝试和学习；部分小班幼儿刚升入中班，还不适应使用筷子，为减少幼儿的心理压力，教师为幼儿提供一部分小勺子，引导幼儿慢慢过渡。

同时，尊重幼儿发展的个体差异，因材施教，促进幼儿在自身原有水平上的进一步发展。针对个别幼儿在生活活动中出现的特点和问题行为，幼儿园引领教师分析幼儿行为背后的原因，有的放矢，找出适宜的策略，并进行干预和反思，不断完善教育策略。

3.注重保教结合、家园共育，把握培养习惯的一致性、一贯性原则。"保"和"教"是教育整体的不同方面，同时对幼儿产生影响。"保育"是指对幼儿身体的照顾、保护、养育和促进，以及对幼儿心理能力的保护和培养。"教育"就是遵循幼儿身心发展的规律，把握幼儿的年龄特点和我国的教育目标，有目的、有计划地对幼儿初步进行体、智、德、美诸方面全面发展的教育。保教结合，就是指幼儿园的工作人员在工作中应牢固树立"保教并重"的观念，在各项活动中"保""教"结合，做到"保中有教""教中有保"。为保证生活活动的质量，我们需要引领保育员与教师都参加到研究和学习活动中来，转变保育员自身角色定位，明确保育员在生活活动中的教育职责，充分发挥保育员在生活活动中的教育作用，助力幼儿在园生活活动中的全面发展。帮助教师逐渐建立起"生活即课程"的正确认识，引导教师关注生活对幼儿发展的独特价值，在日常生活中，不断提高生活活动中师幼互动的质量，促进幼儿整体全面地发展。

幼儿的良好生活习惯和自理能力不是短期可以养成的，它需要一个长期的过程，因此，光靠幼儿园的培养是不够的，还需要家庭教育的配合。幼儿园需要努力挖掘家庭教育资源，携手家长共同实施生活课程，培养幼儿良好的生活习惯和自理能力。例如，为了培养幼儿良好的进餐习惯，幼儿园开展了关于"蔬菜"的主题活动，教师通过家长主题班会引领家长参与到活动中来，带孩子去参观菜市场，同时也鼓励幼儿参与到饭菜制作的过程中，以此帮助幼儿了解蔬菜，喜欢吃各种蔬菜，培养其营养均衡的健康饮食观念，养成不挑食、不偏食的进餐习惯；又如，为培养幼儿饭前便后主动洗手的好习惯，教师引领家长在家为幼儿准备一把安全的小椅子，为幼儿养成"主动洗手"的卫生习惯提供了有利的条件。

4.调整幼儿一日生活作息制度，满足幼儿自主生活的需要。园所通过调整个别生活环节的组织方式和环境支持，使幼儿的生活方式更加主动，更加自主。如中大班的进餐活动，由原来的教师分餐方式改为幼儿参与餐前准备、自己取餐、快乐用餐、餐后整理全过程的自助进餐方式，幼儿可以自主选择吃饭的座位，选择和谁一起进餐，选择哪样食物可以多盛点，哪样食物可以少盛点……引导幼儿学会健康、合理饮食，从被动地吃饭变为主动地吃饭，并且吃得快乐、吃出健康。同时还引导幼儿了解自助餐的礼仪，培养文明进餐的饮食习惯，养成会分享、能互助的行为习惯。在此过程中幼儿的心情是愉悦的。在自我服务的过程中，幼儿感受到"我可以！我能行！"，自主做事情的能力和信心不断增强，为今后走进社会的独立思考奠定基础。

为提高幼儿在园生活活动的质量，提高其在生活活动中的自主性，幼儿园还可以尝试对部分生活活动的时间进行调整。如随着中大班幼儿自主能力的提高以及充足游戏时间的需要，幼儿园尝试对室内教学活动、区域游戏以及加餐环节的时间进行调整。改变过去切割式、节点明显的"碎片化"的流程设计，实施"模块化"的一日流程设计和规划，给幼儿充分活动的时间，自主选择活动方式。如水果加餐环节，在中大班改变以往的组织方式，从以往的"教师组织幼儿集体在同一时间进行水果加餐"到"将幼儿区域游戏时间与幼儿加餐时间融为一体，幼儿根据自己游戏的需要和生活的需要，尝试自主把握时间，选择自己喜欢的小伙伴，开展自主水果加餐"。当然，这种方式并不是一成不变的，由于各班多元课程、主题综合课程推进的需要，园所给予教师灵活把控活动流程和活动进程的空间和权利，教师可以根据班级活动的实际需要兼顾两种加餐方式。在保证幼儿区域游戏时间、教学计划完成、幼儿生理需要得到满足的基础上，打造一种更为灵活的生活作息制度，使幼儿园生活活动的组织不会成为幼儿活动的一种阻断，而成为课程的一部分，自然融入幼儿一日生活之中。

5.初步建立幼儿园生活活动课程。幼儿园需要建立"幼儿园生活活动课程"的概念和保障"生活活动课程"实施的制度，为新手教师的教育实践提供支持和引导，促进教师队伍的阶梯化和专业化发展，为生活活动质量的提升提供保障。在实践的基础上，更深刻地引发保教人员思想上的重视和行动上的创新。因此，为了提升班级生活活动的质量，有必要进一步完善"幼儿园生活活动课程"的研究及关于幼儿园班级生活活动质量的评价体系。

（二）教师专业引导，支持幼儿在生活活动中全面发展

1.探索"问题式"生活活动指导。人们在生活中会遇到各种各样的问题，比如，上厕所的人太多了怎么办？外出游玩时，没有地方洗手怎么办？等等。幼儿年龄小，生活经验不丰富，我们需要将成人解决问题的经验传授给他们，丰富他们的生活经验。同时，也需要让他们在问题和困难中"多泡一会儿"。在思考问题、解决问题的过程中，他们将获得面对困难的勇气和解决问题的自信。因此，在生活活动研究中，引导教师结合生活中遇到的"真问题"，思考我们可不可以将这个问题摆到孩子们面前，引发孩子们主动地思考，帮助他们找出解决问题的方法，共同建立起生活活动的规则。或许孩子们所提出的办法、所制订的规则并不完善，也存在不合理的地方，但是，孩子们所获得的能力与智慧却是可喜的。如我们培养幼儿"主动饮水、随渴随喝"的好习惯，但是，是不是什么时候渴了都能随便去喝水呢？中大班幼儿在教师的引导下，发现这是难以实现的，比如，参与教学活动的时候就不能随便去喝水。那什么时候可以"随渴随喝"呢？经过与孩子们讨论，制订了"随渴随喝"的生活规则：区域游戏和过渡环节的时候可以去喝水；夏天户外活动时带上小水壶，这样户外自由游戏时也可以去喝水了。

提出问题，引导幼儿主动关注自己的身体健康，学习照顾自己。如"你今天的晨检卡为什么是黄色的呀？""大夫说我的嗓子红了。""那怎么办呢？""大夫让我多喝水，多吃菜。""那你今天要自己想着多喝水，多吃菜啊！"在日常生活指导中，通过表扬、鼓励、提示、引导等方式，帮助幼儿从小建立关注自身健康的意识，学习照顾自己的方法，逐步提高生活自理能力。

"问题式"的生活指导，也要考虑到幼儿的年龄特点。如小班及中班初期的幼儿缺乏生活经验，解决问题的能力弱。教师要有"问题式指导"的意识，将问题摆到幼儿面前，先鼓励他们想一想。这时要给幼儿留够一定的思考时间，而不要马上将自己的想法"强加"给他们，这对幼儿的发展是十分重要的。思考后，如果幼儿没有自己的想法，教师可以提供解决问题的方法，并鼓励幼儿尝试，在亲身操作中积累直接经验。如果幼儿有自己的想法，大多数情况下会出现考虑得"不周全"的情况，教师可以采用"提出问题"的方式，引导幼儿深入思考。在引导下，解决问题的方法逐渐成熟，再鼓励幼儿去尝试，在做中学、做中求进步。教师留给幼儿的思考时间可长可

短，当幼儿想要放弃解决问题或不顾安全去解决问题之前，教师要加以引导，既要保证幼儿的安全，又要给幼儿留有足够的成长空间。在幼儿尝试的过程中，教师要注意观察，帮助幼儿总结提升经验，促进幼儿发展。

2.尝试创设"自主化"的生活环境。环境是重要的教育资源，幼儿的发展是在与周围环境的相互作用中实现的。在生活活动中促进幼儿自主、主动地发展，就需要我们为幼儿打造"自主化"的生活环境。自主化的生活环境反映了教育者身心并重的健康观以及"环境育人"的理念。这里说的教育环境主要是指可以引发和支持幼儿自主生活的物质环境与精神环境。

物质环境包括可满足幼儿自主生活的生活用品、劳动工具。如适合幼儿使用的小水壶，添饭用的小勺、小夹子、护手霜、小梳子、小镜子、小抹布、小笤帚、小簸箕、小拖布、小喷壶，幼儿自己可以搬动的小桌子等。物质环境还包括支持幼儿学习安全有序生活的标识和图示。包括等待线、提示幼儿做事顺序的图示、提示幼儿做事方法的图示、物品有序摆放的标识等。图示将教育目标物化在标识和图画之中。根据不同图示发挥的不同作用，可以将图示分为提示型、记录型、规则型和互动型。

图示可以发挥以下教育功能：（1）通过有提示的环境，培养幼儿生活的条理性，帮助幼儿养成良好的生活习惯，巩固和提升生活技能；（2）通过有记录的环境，培养幼儿的感知能力；（3）通过有规则的环境，培养幼儿的责任意识和规则意识，发展幼儿的社会性；（4）通过有互动的环境，启发幼儿的思维，激发幼儿的潜能。在开展生活活动时，教师可以积极利用图示培养幼儿良好的生活习惯。如在卫生间张贴"小动物的尾巴"，提示幼儿通过踩尾巴的游戏记得冲水；在水房张贴"洗手步骤图"，引导幼儿与墙面互动，学习正确的洗手方法；在大班创设"我今天主动刷牙了"互动记录表，引导幼儿与图表互动，培养幼儿主动刷牙的好习惯。

精神环境包括引导和鼓励幼儿建立自己的事情自己做的生活常规。如允许并引导幼儿自己换衣服、搬桌子、擦桌子。研究幼儿生活用品的摆放位置，考虑如何才能更便于幼儿自己的事情自己做。包括引导幼儿乐于并学会自己的事情自己做的生活活动指导方法。游戏化的生活指导方法更易于孩子接受，有助于其形成良好的精神氛围。引导教师关注幼儿的年龄特点及学习方式，探索并采取适合幼儿的教育方法。如用朗朗上口的儿歌代替毫无童趣的常规要求，以"洗手歌"为例说明："一像面条搓搓搓，二像老虎抓抓抓，三像炒面炒炒炒，四像小车推推推，五像陀螺转转转，六像小鸟飞飞飞，七像手铃摇摇摇，打开水龙头，洗湿小手，泡泡，泡泡不见了，关上水龙头，八像水龙头，再见，再见。"这首儿歌游戏化地将七步洗手法教给幼儿，十分符合小班幼儿的年龄特点。孩子们用稚嫩的声音念着儿歌，以标准的动作，认真、高兴地把小手洗得干干净净。还可以用正面教育的方法来代替批评，正面、积极地引导幼儿养成健康的生活习惯，勇敢地克服学习过程中遇到的困难。如"请你站在小脚印上，等前面的小朋友洗完手，你再洗"代替"你怎么不站好队呀？说你多少次啦？"用积极的暗示来代替消极的暗示。如"小宝，你今天洗手的时候一定会记得挽起袖子的，对吗？"代替"小宝，你今天千万不要再把袖子弄湿了。"关注幼儿良好的行为习惯，善用表扬、鼓励、拥抱、代币等社会性奖励来巩固幼儿良好的行为习惯。

3.推进"合作性"家园共育。家长是幼儿园的合作伙伴，家园教育保持一致性、一贯性，更有助于生活活动目标的实现，有利于幼儿健康生活习惯的养成。因此，幼儿园应主动与家庭配合，帮助家长创设良好的家庭教育环境，向家长宣传科学保育、教育幼儿的知识，共同担负教育幼儿的责任。

（1）通过多种与家长互动交流的形式，传递科学育儿方法。幼儿园建立家长学校，利用宣传栏、网站、家园联系册、家长约谈和入离园接待等多种形式，宣传科学育儿的理念和知识，帮助家长逐渐树立正确的儿童健康观，与家长共同探索科学的教育方法，促进幼儿健康生活习惯的养成。比如，入离园接待时的交流，这简短的互动看似随意，却很有学问。当家长能够让孩子自己脱、叠衣服时，当家长能够鼓励孩子大声向老师问好时，当家长能够按时送孩子入园时，当家长能够提示自己的孩子爱护公物时，当家长能够提示自己的孩子遵守规则时……作为老师，我们给予家长由衷地赞赏，传达我们的认同。这种认同可以使我们更好地建立起与家长的"合作关系"，形成"家园共育"的好局面，能够使幼儿获得更好地发展。

（2）有针对性地为家长提供教育建议，促进幼儿健康生活习惯的养成。如墨墨在家里爱喝饮料，不爱喝白开水。在老师的建议下，墨墨的妈妈在家里创设了一个小小的饮水角，一只盛满白开水的小水壶和五个小杯子。一段时间后，墨墨的变化令人惊喜。妈妈反馈说："自从家里有了这个饮水角，墨墨不仅改变了以往爱喝饮料的习惯，主动喝白开水了，而且有时还会主动给爸爸妈妈、爷爷奶奶倒水喝，会给家里人"普及"喝白开水的好处呢！"一个小小的饮水角，不仅使孩子养成主动喝白开水的健康习惯，而且带给全家健康和快乐。家园共育，不仅孩子受益，家长也从中体会到教育的魅力和家庭生活的幸福滋味。

（3）引导家长之间的互动交流，相互学习，提升育儿能力。通过家长约谈，引导家长之间互动交流，有一些教育方法更易被家长所接受。如中班的乐乐早上入园时常常会迟到，而且心情还不愉快。妈妈说，乐乐早上常常会挑衣服，不穿这件，不穿那件，有时还发脾气。妈妈也拿她没有办法。这可引起了欣欣妈妈的共鸣。"可不是吗，我们家欣欣以前也常常这样。后来，我试了一个方法还挺管用的，你不妨试一试。你可以在前一天晚上，让孩子先挑好衣服，放在床前。第二天，就不会因为挑衣服而耽误时间了。"李老师也及时鼓励乐乐妈妈试一试。并建议妈妈有意识地引导孩子关注天气、气温和穿衣指数。鼓励孩子在前一天晚上就选择好适合的衣服，这样既节省了第二天早上的时间，又提高了孩子做事的能力。乐乐妈妈很愉快地接受了建议。第二天乐乐入园时，穿了一身红色的运动服，很高兴。乐乐妈妈也很高兴地向李老师反馈，今天早上乐乐没挑衣服，也没有发脾气。

五、幼儿园生活活动的内容及目标

内　容	生活习惯培养目标	相关健康认知内容	基本生活技能
入园	规律作息，不迟到	规律作息与健康：情绪稳定、心情愉快是幼儿心理健康的表现	①愉快入园，不让家长抱 ②感知时间，知道抓紧时间做事 ③认识并按要求放置好自己的书包、衣服、毛巾、水杯等物品 ④在教师的引导下，尝试为大家服务，做值日生工作
饮水	主动饮水，随渴随喝	饮水与健康：每天保证适宜的饮水量，随渴随喝	①会使用水杯喝水 ②会使用小水壶喝水 ③会使用水壶倒水 ④会使用保温筒接水 ⑤会端水杯走，不洒水
进餐（加餐）	荤素搭配（营养均衡）、文明进餐	营养与健康：文明进餐常识	①会使用餐具（小勺、筷子、盘、碗等） ②会使用工具（夹子、汤勺、饭铲、案板、刮皮器、水果刀等）

（续）

内　容	生活习惯培养目标	相关健康认知内容	基本生活技能
如厕	定时大便，不憋便	大小便与健康	会自理大小便（使用蹲便器大小便、脱提裤子、整理衣服、使用卫生纸擦屁股等）
盥洗	饭前便后、手脏时洗手	洗手与病从口入	洗手方法（包括挽袖子，使用毛巾、纸巾擦手，抹手油等）
	餐后漱口，睡觉前后刷牙	牙齿与健康	漱口、刷牙的方法
	勤换衣服、勤洗澡、不留长指甲	清洁身体与健康	①从配合成人清洁身体（包括洗脸、洗澡、洗屁股、洗脚、剪指甲、理发）到逐渐学习独立洗脸、洗澡、洗屁股、洗脚的方法 ②学习擦鼻涕、擦嘴等方法
睡眠	独立安静睡眠，无不良睡眠习惯（咬被角、含手指、叼奶嘴、玩生殖器、蒙头、趴着睡等）	睡眠与健康（知道睡眠充足、早睡早起、独立安静睡眠等良好睡眠习惯与健康的关系）	①独立安静睡眠 ②学习整理床铺，摆好枕头，铺平枕巾，摆好被子，拉开、铺平被子等 ③学习叠被子、套枕套、铺枕巾
穿衣	衣着整洁、安全、适合	服装与健康（适合运动、安全等）	①在成人帮助下学习穿、脱、叠简单的衣服（小班） ②可以自己穿、脱、叠简单的衣服，动作较快；在成人的引导下，关注自己衣服的整洁，知道根据自己的冷热感觉增减衣服（中班） ③穿、脱、叠衣服又好又快；随时关注自己衣服的整洁，能自己整理整齐；能够根据天气预报和活动需要，准备好第二天要穿的衣服（大班）
过渡环节	活动后收拾整理，活动前做好准备	事前准备、事后收拾整理与幼儿自我发展的关系	在教师的引导下，逐渐学习按计划做好前一个活动后的收拾整理工作和下一个活动前的准备工作，以及活动之间的休息调整

六、生活活动中融合的五大领域目标及教育建议

领　域	融合目标	生活活动中的建议
健康领域	具有健康的体态	*为幼儿提供营养丰富、健康的饮食 *保证幼儿每天睡11~12个小时，其中午睡一般应达到2个小时左右 *注意幼儿的体态，帮助他们形成正确的姿势（保持正确的站、坐、走姿势）
	情绪安定愉快	*营造温暖、轻松的心理环境，让幼儿形成安全感和依赖感，教师应保持良好的情绪状态，接纳幼儿的个体差异，态度温柔而坚定，以表扬鼓励为主，实施正面教育，不厉声斥责，更不能打骂、侮辱幼儿人格或伤害幼儿身体 *帮助幼儿学会恰当表达和调控情绪，不乱发脾气，允许幼儿表达自己的情绪，不硬性压制，等其平静后告诉他什么行为是可以接受的。发现幼儿不高兴时，主动询问，引导化解
	具有一定的适应能力	*保证幼儿的户外活动时间，提高幼儿适应季节变化的能力 *常与幼儿玩拉手转圈、秋千、转椅等游戏，让幼儿适应轻微摆动、颠簸、旋转，促进其平衡机能的发展 *锻炼幼儿适应生活环境变化的能力。采取相应的措施帮助幼儿尽快适应新的饮食、睡眠、游戏环境，带幼儿接触不同的人际环境，使幼儿较快适应新的人际关系
	具有一定的平衡能力、动作协调能力和灵敏度；具有一定的力量和耐力；手的动作灵敏协调	*利用多种活动发展身体平衡和协调能力 *日常生活中，鼓励幼儿多走路、少坐车、自己上下楼梯、自己背包等，鼓励幼儿坚持、不怕累 *引导幼儿生活自理或参与家务劳动，发展其手的动作，如练习自己吃饭、扣扣子、帮助家人择菜等
	具备基本的安全知识和自我保护能力	*创设安全的生活环境，提供必要的保护措施。如热水瓶、药品等物品放到幼儿够不到的地方；剪刀、缝衣针等物品必须在成人照看下使用；阳台、窗台要有安全保护装置，使用安全的电源插座等 *结合生活实际对幼儿进行安全教育 *教给幼儿简单的自救和求救的方法

（续）

领　域	融合目标	生活活动中的建议
语言 领域	倾听与表达	*结合生活情境，引导幼儿学会认真倾听，并能听懂常用的语言 *结合生活情境，谈论幼儿感兴趣的话题，引导幼儿愿意讲话并能清楚地表达 *知道在公共场合不大声喧哗，与人交谈时认真倾听，使用礼貌用语，养成良好的语言习惯
	阅读与书写准备	*允许幼儿在过渡环节自主阅读，分享阅读 *引导幼儿参与一些生活标识、图示、姓名卡的制作，体验文字符号的功能，培养书写兴趣
社会 领域	愿意与人交往，喜欢并适应群体生活，具有初步的归属感	*主动亲近关心幼儿，经常与他一起游戏或活动，建立亲密的师幼关系；让他感到长辈是可亲、可敬、可依赖的 *多为幼儿提供自由交往和游戏的机会，鼓励他们自主选择、自由结伴开展活动 *请幼儿集体讨论决定班里的重大事情和计划，萌发集体意识和集体荣誉感
	能与同伴友好相处	*结合具体情境，指导幼儿学习交往的基本规则和技能。如学习怎样加入同伴游戏，怎样与别人分享，当与同伴发生矛盾或冲突时怎样化解冲突等 *结合具体情境，引导幼儿换位思考，学习理解别人，引导幼儿发现同伴的优点和长处
	具有自尊、自信、自主的表现	*关注幼儿的感受，以平等的态度对待幼儿，有针对性地给予幼儿表扬鼓励，不拿幼儿的不足与其他幼儿的优点做比较 *在保证安全的条件下，鼓励幼儿自主决定，独立做事，增强其自尊心和自信心
	关心尊重他人	*教师以身作则，尊重、关心他人 *结合实际情境，提醒幼儿注意别人的情绪，了解他们的需要，给予适当的关心和帮助；帮助幼儿懂得尊重工作人员的劳动，珍惜劳动成果 *引导幼儿学习用平等、接纳和尊重的态度对待差异，相互学习

（续）

领　域	融合目标	生活活动中的建议
社会领域	遵守基本的行为规范	*成人以身作则，遵守社会行为规则，为幼儿树立良好的榜样，如爱护公物，节约水电等 *结合社会生活实际，帮助幼儿了解基本行为规则或其他游戏规则，体会规则的重要性，学习自觉遵守规则 *教育幼儿要诚实守信
科学领域	具有初步的探究能力，在探索中认识周围事物和现象	*支持和鼓励幼儿在探究过程中积极动手动脑解决问题 *有意识地引导幼儿观察周围事物，学习观察的基本方法，培养观察与分类能力 *鼓励和引导幼儿学习做简单的计划和记录，并与他人交流分享 *帮助幼儿回顾自己探究解决问题的过程，讨论自己做了什么，怎么做的，结果与计划目标是否一致，分析一下原因以及下一步要怎样做等 *支持幼儿在接触自然、生活事物和现象中积累有益的直接经验和感性认识。给幼儿提供丰富的材料和适宜的工具，支持幼儿创造性地使用这些材料和工具解决生活中的问题 *引导幼儿在探索中思考，尝试进行简单的推理和分析，发现事物之间明显的关联，了解自然、科技产品与人们生活的密切关系，逐渐懂得热爱、尊重、保护自然
	初步感知生活中数学的有用和有趣，感知和理解数、量及数量关系，感知形状与空间关系	*引导幼儿感知和体会生活中很多地方都用到数，关注周围与自己生活密切相关的数的信息，体会数学的有趣 *鼓励引导幼儿运用数学知识经验尝试解决生活中的问题，在丰富数学认识、提高数学能力的同时，体会数学的有用
艺术领域	喜欢自然界与生活中美的事物，喜欢欣赏多种多样的艺术形式和作品	*以美的事物装饰生活，一个墙饰、一个摆件、一段佐餐的优美音乐等 *一朵野花、一阵清风、一抹树荫、一只小鸟……在生活中引导幼儿用心灵去感受和发现美
	喜欢进行艺术活动并大胆表现，具有初步的艺术表现与创造能力	*提供丰富且便于幼儿取放的材料、工具和物品，结合日常生活的需要，鼓励、支持幼儿大胆创作、表现，使幼儿体会艺术带给生活的美

15

七、生活活动中各年龄班幼儿的总体特点及指导重点

班 级	幼儿年龄特点	生活活动特点	指导重点
小班	*动作发展快 *认识靠行动（直觉行动思维——先做后说，边做边说） *情绪作用大 *爱模仿 *常把假想当真实 *常把动物或物体当作人，将人的情绪和感受泛化到其他动物或物体上（泛灵论）	*情绪稳定后，能在引导和鼓励下，比较独立、自信地做事 *在愿意自己动手的基础上，能够逐渐掌握基本生活技能（如洗手、如厕、刷牙、穿脱衣服等）	*游戏化、生活化地引导幼儿愉快地掌握基本生活技能 *教与鼓励（教要耐心，等要耐心，鼓励要真诚，要对孩子有信心） *携手家长共同培养幼儿的生活能力和生活习惯 关键词：会
中班	*幼儿活动水平明显提高，需要更为丰富、充实的活动空间 *幼儿游戏水平的极大提高，需要不断拓展游戏空间 *幼儿进一步发展的自主性与主动性，需要宽松、安全的探索环境 *幼儿同伴交往需求与能力的发展，需要良好的社会性发展氛围 *幼儿有意想象水平的提高，需要更大的表达与创造的空间 *幼儿具体形象性的思维，需要具体的活动情境与活动形式 *幼儿操作与探索的学习方式，需要提供丰富的探索环境 *幼儿活动持久性的增加，需要保证充足的活动时间	*能够做到独立、较主动地做事，在掌握正确的生活技能的基础上，逐渐学习做事有序、不磨蹭 *愿意尝试有挑战性的活动，获得成功感的体验，有利于自信心的发展 *愿意和同伴共同做事，体验合作的乐趣，交往能力得到提高	*相信幼儿，给予自理、自主的机会和条件，在生活中自理能力不断提高，自信心得到培养 *与幼儿共同讨论，积累快速有序做事的经验，纠正做事磨蹭的不良习惯 *多说少帮（多提示、多鼓励、少帮助、多信任） *携手家长共同培养幼儿的生活能力和生活习惯 关键词：快

（续）

班　级	幼儿年龄特点	生活活动特点	指导重点
大班	*活动的自主性、主动性提高，有自己的想法和主见 *活动更加有目的、有计划。这种目的性、计划性不是自然发生的，需要教师的引导 *自我控制能力提高，表现在对动作的准确控制上，对自我行为的控制上，规则意识和坚持性提高 *好学、好问，喜欢有挑战性的学习内容，思维活跃 *同伴间的互动、合作增多，开始注意向同伴学习 *出现了抽象逻辑思维的萌芽，但是具体形象思维占主导，仍然以活动为主	*能够自主、有计划地做事，愿意完成有挑战性的任务，能够运用已有经验，积极地解决生活中遇到的问题 *在教师的帮助下，能够认识并愿意逐步调整和改正不良的生活方式和习惯	*提高幼儿健康认知水平。帮助幼儿了解生活方式和习惯与身体健康的关系，促进幼儿积极主动地遵守有利于健康的生活活动规则，自觉践行有益于健康的行为，改正不良的生活方式和习惯 *鼓励幼儿与同伴协商合作，运用已有的知识经验解决生活中遇到的问题 *生活活动中提供更多自由、自主生活的机会和条件，在尊重孩子的想法和做法的基础上，以可能遇到的问题或发现的"真问题"，引发幼儿思考，促进幼儿计划能力、解决问题能力的提高 *引导幼儿做事认真，保证质量，这也是节约时间，提高做事效率的关键 *少提示、不帮助、多肯定、多信任 关键词：又好又快

第二部分

幼儿园各生活活动中幼儿的年龄特点及教育策略

幼儿园的每一项生活活动都有不同的保育功能，也承载着不同的教育契机。大班、中班、小班的幼儿由于年龄特点不同，在生活活动中就会呈现不同的特点。根据幼儿的年龄特点及发展现状，教师如何组织生活活动才能使幼儿得到更好的发展呢？

本部分将一起来梳理幼儿园入园活动、盥洗活动、进餐活动、加餐活动、饮水活动、如厕活动、午睡活动、过渡环节以及离园活动中，幼儿的年龄特点及教育策略。

一、入园活动

入园活动是幼儿进入幼儿园一日活动的开始，也是一个同时有教师、幼儿、家长在场的特殊环节。在这个环节中，首先教师和家长都会很关注幼儿的心情是否愉快，如果孩子高兴，家长会带着愉快的心情开始一天的工作。如果孩子不开心，家长也会心情郁闷，甚至产生焦虑、猜忌等，影响正常的家园互动，使教师感到很大的压力。另外，规律的作息也是影响幼儿健康的重要因素，因此，培养幼儿养成早睡早起，入园不迟到，按时吃早餐等规律作息是很重要的，"生物钟"的作用会有利于幼儿愉快且充满活力地参与到各项活动中去。

入园活动的总目标：稳定幼儿情绪，养成规律作息的好习惯。

（一）小班入园活动目标、特点及教育策略

目　标	特　点	教育策略及注意事项
*幼儿情绪稳定，逐步适	*新生入园初期，会出现不同程度的分	*以和蔼可亲的态度接纳幼儿，使幼儿感到温暖、安全，逐步建立起与教师的依恋关系。入园

（续）

目　标	特　点	教育策略及注意事项
应幼儿园的生活，愿意来幼儿园 *培养早睡早起的好习惯	离焦虑 *分离焦虑期后，幼儿能够比较愉快地入班，自然地和教师打招呼，和家长说再见 *在教师的引导下，能够配合晨检 *在教师的引导下，逐渐可以独立完成入园后早餐前的各项活动 *入园初期，有些家长的分离焦虑比较严重。会出现送幼儿入园困难，对教师产生不信任等情况 *分离焦虑期后，大多数幼儿都能做到8：00之前到园	时，教师微笑接待，主动与幼儿及家长打招呼，逐渐引导幼儿入园时与教师礼貌问好，和家长说再见 *幼儿分离焦虑严重时，教师应先安抚幼儿情绪，避免幼儿边哭边吃，出现危险 *认真地进行晨检工作，做到"一摸、二看、三问、四查" *教师注意站位，保证幼儿在教师的引导下，有序完成入园后早餐前的活动：先搬椅子回座位，然后如厕、洗手、挂毛巾、放水杯、回座位吃早餐 *在悉心照料幼儿的过程中，帮助幼儿逐渐学习完成以上活动的正确方法 *家园共育： ①举办新生家长会，帮助家长了解幼儿分离焦虑的表现及帮助幼儿缓解分离焦虑的办法，使家长的焦虑情绪得到缓解 ②在一日生活中细心观察幼儿进餐、饮水、如厕、午睡、情绪等情况，在入离园环节或通过微信，耐心与家长沟通，使家长放心 ③使家长了解到为什么要孩子在8：00之前来园 ④表扬和鼓励能够做到8：00之前来园的小朋友和家长

（二）小班入园活动案例分享

案例一：以爱心帮助幼儿和家长缓解分离焦虑

1.分离焦虑家长篇。今年我又接了刚刚入园的孩子，这让我想起了去年这会儿家长们的表现。家长们有趴在幼儿园栅栏外面围观的，有偷偷趴在教室窗外面的，甚至有拿望远镜瞭望的，还有躲在幼儿园角落里抹眼泪的……家长们这样做只是为了看看自己家的孩子还哭不哭，喝了没，睡了没，猜疑教师能否照顾好自己的孩子。这些行为都体现了家长对新环境、新教师的不放心。为了减少家长的分离焦虑，根据这两年带新生班的经验，我们做了以

19

下几点工作来缓解家长的不安情绪。

（1）亲子入园适应。在幼儿正式来园前，我们安排三至五天的上午让家长和孩子们一起来适应幼儿园。在幼儿入园适应期间，教师以饱满热情的态度组织符合幼儿年龄特点的游戏，去迎接每一位幼儿和家长，关注到每一位幼儿。尽快地认识班里所有的孩子，大致了解每一位孩子的性格。同时，也使家长在陪同孩子适应的过程中，了解幼儿园的日常生活情况，了解孩子在园怎样洗手、喝水、吃饭、睡觉、如厕，帮助家长缓解焦虑。

家长们在这个过程中了解了幼儿园的环境，熟悉了幼儿园的老师、孩子的同伴和幼儿园的生活环节。这项工作能够较好地缓解家长的焦虑情绪，同时也使孩子对于上幼儿园有了积极的期待。

（2）第一次家长会。入园适应的最后一天，我们召开全体家长会。家长会的主要内容是帮助家长了解接下来孩子入园时，分离焦虑会有什么样的表现以及家长如何才能帮助孩子缓解分离焦虑。如孩子最常见的分离焦虑的表现就是哭闹。早上会抓着爸爸妈妈的衣服不撒手。爸爸妈妈心理上要理解孩子，语言要温柔，但态度要坚决。在幼儿园等了一天，离园时见到爸爸妈妈，会一头扑到怀里哭个不停。有的孩子晚上还可能在睡梦中哭着不肯去幼儿园等。因此，教师要指导家长在入园初期，照顾好幼儿的衣、食、住、行，减少生病，帮助孩子转移注意力，在孩子离园回家后跟孩子玩。当然还要引导家长先面对自己的焦虑，不要着急，家长最需要做的是理解孩子的情绪，帮助孩子和老师们建立亲密关系。这样做有利于孩子们对新的环境产生安全感，才能更快、更好地适应幼儿园的生活。

（3）及时进行网络沟通。为了与家长及时地交流幼儿的情况，除了利用晚离园接待时间和家长沟通以外，我们还及时开通微信。从幼儿正式入园的第一天开始，我们就及时地把孩子在园的表现发给每一位家长。尤其是对早上来园时情绪不好的孩子和格外焦虑的家长，我们都会一一与其进行沟通。我们还抽出时间给孩子们拍一些幼儿在园生活的照片、录像。当家长们看到孩子可爱的笑脸时，比我们说多少安慰的话语都更能让家长安心。

（4）约谈共育，缓解焦虑。针对班里分离焦虑非常严重的幼儿，以及十分焦虑的家长，专门抽出时间和家长进行沟通，共同商议缓解幼儿焦虑的方法。

老师将自己的经验传递给家长的同时，也赢得了家长的信任和理解，缓解了不少家长心中的顾虑和焦虑。

（5）随班就读，亲子共长。针对个别长时间无法适应幼儿园生活，或者个别极其不放心的家长，幼儿园采取了亲子伴读的方法。幼儿家长经过健康体检后，以教师的身份伴随孩子随班就读。在与教师和孩子朝夕相处的过程中，帮助家长逐步缓解不安情绪。在与教师一起照顾、教育孩子们的过程中，帮助家长认识孩子的年龄特点和教育规律，从而真的放下心来，信任幼儿园的教育、教师的专业能力。有很多家长亲子伴读不到两个星期，就主动提出不再伴读了，放心地去工作了。

2.分离焦虑幼儿篇。孩子小，第一次离开熟悉的家，来到陌生的环境中。孩子对环境的不适应更多的用哭闹来表现、宣泄，教师要理解孩子离开亲人的紧张、无助和忧伤，像妈妈一样耐心地哄劝、安慰孩子。

镜头一：志远是班里分离焦虑最严重的幼儿。每当从妈妈手里接过来时，孩子的那种无助感就像是一个不会游泳的人掉到水里，没有任何人去救他一样。哭得撕心裂肺，不许任何人接近他。我知道这时孩子是最需要老师爱的时候，只有真正走进他的内心世界，用我们的爱去感化他，他才会慢慢地对我产生好感，从而喜欢我，喜欢幼儿园。我起先没有一下子就去抱他，而是在离他有一定距离的位置蹲下，拿他喜欢的玩具逗他。在他逐渐对我产生好感的状态下，去接近他，跟他玩，慢慢地建立感情。果不其然，只过了两天的时间，虽然孩子也哭闹，但是他已经伸手让我抱了。当时我和妈妈相视一笑，激动得泪水都要流出来了。

镜头二：灵嫣是非常内向的小丫头，刚入园就给我留下了深刻的印象。她每天都要拿着她的小枕巾，低着头"愁眉苦脸"，就跟一个"小受气包"一样。每天都是默默地，自己拿着小枕巾流眼泪，看得让人心疼。灵嫣从小就是奶奶一个人带大的，奶奶不爱说话，非常内向。了解到灵嫣是在这样的环境下长大的，我就和奶奶沟通，每天利用晚离园时间让奶奶和灵嫣一起进来和老师们做一个小游戏、聊聊天等。一日生活中也多和灵嫣聊天，和她一起做游戏，多给她表现自我的机会。现在的灵嫣已经是一个活泼开朗、人见人爱的小丫头，再也不是那个低着头、拿着小枕巾的"小受气包"了。

镜头三：我从资料室领来跳秧歌舞的手绢花，孩子刚看到手绢花时别提多高兴了，就连哭的孩子也都停止了哭泣。我放着音乐和孩子们一起尽情享受音乐和舞蹈带给我们的快乐，有很多孩子都兴奋地参与到游戏中。看着孩子们高兴的样子，我们每一位老师都特别开心。

案例二：玥玥的入园日记

玥玥是刚刚转到我园的新朋友。

周一。今天是玥玥转到新班以来第一次与大家见面。刚到门口就哭喊着要回家，抱着姥姥的脖子不放手。我走过去对着玥玥和姥姥说："玥玥早上好，玥玥姥姥早上好。来老师抱抱，玥玥最棒了对吧！"从姥姥怀里接过来，轻轻拍着她的后背往里屋走。我把她放在椅子上，哭声慢慢变小。

玥玥刚到新的环境，存在分离焦虑，通过亲密的动作，一定程度上让她的精神得到放松，有利于她适应环境。

周二。早晨，有几位幼儿来园比较早，在里屋听着音乐跳舞。玥玥走进里屋自己的椅子旁坐下，眼睛红红的，也不和小朋友游戏。她用哽咽的声音说："老师我不吃饭。"听到这话，表示她有意愿与老师交流，表达自己的想法。"好，那玥玥一会儿再去洗手，老师喂你好不好？""好。"

通过给予她帮助与引导，教师主动与她接触，增加交流，初步赢得信任。

周三。"玥玥早上好。"玥玥姥姥对孩子说："叫老师早上好。"玥玥的眼睛红红的，但是眼泪没有掉下来。我走过去拉着她的小手向她问好，带着她去里屋搬椅子。回到座位准备喂她吃饭时，她突然说："老师我自己吃。""好，玥玥真棒！"

早晨来园时没有哭，情绪稍稳定，教师需要坚持不懈地引导，态度诚恳亲切，使孩子逐步形成安全感。

周四。孩子们都在活动区，好几个小朋友都在娃娃家玩，抱着娃娃唱歌。玥玥看着小朋友抱着布娃娃，凑到我的耳边用很小的声音说："老师你抱抱我吧！"我有点纳闷，小声地对她说："为什么？""因为你像我妈妈一样抱我。"

在游戏中与教师建立起了安全依恋关系，以后多引导她参加游戏，以便使其与教师建立起的安全依恋关系进一步得到巩固。

周五。户外活动排队时，刘宇走过去拉玥玥的手，对她说："我们拉手一起走吧！"玥玥拒绝了，跑过来拉着我的手，不愿与小朋友拉手。

来园时，虽然她不再哭闹，情绪比较稳定，但只与老师们形影不离，这表明与同伴及集体的安全依恋关系并没有真正建立。因此，鼓励其他小朋友与玥玥一起玩，扩大其交往范围，体验与其他伙伴交往的乐趣。

幼儿心理健康的表现就是情绪的安定、愉快。对于插班的孩子来说，由于缺少家长陪同入园适应的过程，因此入园焦虑也会更强烈一些。教师就更应该以和蔼可亲的态度接纳幼儿，使其感到温暖、安全，逐步建立起与教师的依恋关系。在日常生活中，教师要随时关心幼儿的情绪变化，鼓励引导其表达自己的情绪。只有这样，孩子们才能更好地适应幼儿园的生活。

（三）中班入园活动目标、特点及教育策略

目　标	特　点	教育策略及注意事项
*幼儿情绪稳定，愉快入园，能够在老师的引导下，表达和宣泄自己的情绪	*中班幼儿入园情绪比较稳定愉快，在教育和引导下，能主动地、有礼貌地与老师问早，并和家长说再见	*教师应态度温和，主动与家长、幼儿亲切自然地打招呼 *不勉强内向的幼儿主动与老师问早，避免使之产生畏难情绪。通过与幼儿建立更亲密的师幼关系，使幼儿逐步消除紧张感 *教师对于主动、有礼貌地与老师打招呼的幼儿，应积极地回应及鼓励 *入园时，教师要关注幼儿的情绪，引导幼儿以合理的方式表达和宣泄自己的情绪
	*知道主动配合老师进行晨检	*晨检：认真贯彻"一摸、二看、三问、四查"的原则，对幼儿的身体情况和所带物品进行检查
	*在教育和引导下，知道不带危险物品和不适当的饰物入园	*根据幼儿的个性采用不同的方法，引导幼儿不带危险的玩具、物品和影响运动的饰物到幼儿园（针对有不良习惯的家长和幼儿，教师首先应在事前提出明确要求，另外，当出现问题时，要讲究处理方法，要给家长留面子，给孩子改进行为的自信与希望）
	*能够独立完成入园后、早餐前的各项活动	*引导和鼓励幼儿有序完成晨间各项活动，使幼儿心情愉快，喜欢幼儿园的集体生活 *在生活活动中促进幼儿如厕、盥洗等生活能力的提高 *以游戏或图示的方法，帮助幼儿记住早入园的程序，以表扬、鼓励、提示等方式帮助幼儿逐渐做到不用提醒就可以独立、主动地完成一系列入园活动。而且在教师的要求和指导下，逐渐做到抓紧时间做事，不磨蹭
	*有归属感，愿意为班集体做事	值日生或早来的小朋友，在教师的指导下，逐步学会做餐前服务和照顾植物 *餐前服务：擦桌子、发放餐具 *照顾植物：浇水，清理花盆中的落叶，书写观察记录等 *相互交往：早餐前，给孩子自然交往的机会和条件（提供过渡环节的玩具或孩子可以做的事情）

（续）

目　标	特　点	教育策略及注意事项
*培养早睡早起的好习惯	*按时作息，每天8：00（夏季7：40）之前到园，不迟到	*通过一系列活动，帮助家长和孩子明白为什么要早睡早起 *如果孩子来晚了，教师首先应该对家长提出明确的要求，另外照顾好晚来的小朋友

（四）中班入园活动案例分享

案例：我爱百合花

鲜艳的纸百合花是我们班小朋友的至爱。每当小朋友得到它时，那可爱的小脸上就会绽放百合花一样美丽的笑容。

在幼儿园里，小朋友年龄小，请假较常见。前儿大天气忽冷忽热，孩子们就纷纷告病请假。有的是真病了，有的则是爸爸妈妈怕孩子体质弱被传染上，躲病在家。还有的家长更敏感，刮大风、降温都会留孩子在家。这让我十分头疼。

一来，小朋友在家待几天再来幼儿园，多多少少会出现不适应，小朋友脸上的不愉快、小泪珠都会刺痛我的心。二来，小朋友在家待几天，生活习惯的培养就会产生滑坡。原本自己能穿好衣服的小朋友，又需要等老师提醒和帮助了……或许家长们不了解"出勤"对于小朋友生活习惯养成的重要性，但是这些现象让我们看在眼里，急在心里呀！家长不能送孩子每天来园，孩子不愿每天来园，我们的教育如何才能得到良好的效果呢？怎样才能让小朋友坚持高高兴兴地每天来园呢？

偶然间，我发现孩子们非常喜欢我们美化教室用的纸百合花，时常会问我"这是什么呀？真好看！"我灵机一动，与班里的老师们商量了一个办法。用纸百合花作为奖励，帮助幼儿养成坚持入园、不迟到的好习惯。

于是，我和班里的老师连夜制作了许多纸百合花和"我爱百合花"的计数表格。第二天，"我爱百合花"的行动正式启动了。我手捧着鲜艳的纸百合花跟小朋友约定，只要在早上八点前入园的小朋友就可以得到1颗小星星贴纸，得到5颗小星星后就可以找老师换一朵百合花。同时，我们也利用入离园环节，结合"我爱百合花"的统计表格，向家长们介绍了这一活动的规则。面对个别家长的质疑，我还真是捏了一把汗呢！

从这天起，早上入园环节，我们都是端着一盘小星星的贴纸等着迎接小朋友的。得到贴纸的小朋友高兴地将小星星贴在表格中自己照片的后面。渐渐地，班里95%的小朋友都可以按时来园了。孩子们会经常数自己照片后面的小星星。老师们也每每参与进去，告诉小朋友再得几颗小星星就可以得到百合花了。小朋友们积极地期待着。第一周的周末，已经有19位小朋友有五颗小星星了。我们在离园前的环节，高兴地将鲜艳的百合花送到每一位小朋友的手里。我们还帮助没得到百合花的小朋友清点了小星星，告诉他，你再得到一颗小星星就可以得到百合花了，你再得到两颗小星星就可以得到百合花了……望着小朋友的笑脸和期待的眼神，我心里高兴极了，因为，孩子们每天来到幼儿园，我们就可以更好地实施教育，让孩子们获得更好的发展了。

家长们也感到送孩子进班的顺利。多多的家长反映，以前每天早上叫多多起床上幼儿园可难了，一是不愿意起，二是不肯自己穿衣服，每次都是妈妈包办代替的。自从班里开展"我爱百合花"的活动以来，叫多多起床可省心了，一叫多多就起来了，赶紧穿衣服，高高兴兴地上幼儿园。班里小宇的家长上班晚，以前小宇经常因为家长睡懒觉起得晚而迟到。自从班里开展"我爱百合花"的活动，小宇积极的态度感染了家长，家长不得不早起送孩子来园。随着孩子们的变化，家长也越来越配合我们的工作了。

在接下来的一周里，每天都有小朋友攒够五颗小星星而得到心爱的百合花。接着就有小朋友得到了第二朵百合花，第三朵百合花……

孩子们坚持来园，不迟到，这为班级良好的常规教育奠定了基础。班里的各项常规工作有序而稳定。孩子们的生活能力也逐渐提高，自主进餐、自主洗手、自主如厕、自主穿脱衣服……看着孩子们一点点地进步，我心里涌起一股幸福的感觉。也许这就是我们作为幼儿教师的价值所在吧！

（五）大班入园活动目标、特点及教育策略

目　标	特　点	教育策略及注意事项
*幼儿情绪稳定，愉快入园。能够在教师的引导下，调节自己的负面情绪	*能主动地、有礼貌地与老师问早，并和家长说再见	*教师应态度温和且主动地与家长、幼儿亲切自然地打招呼 　不勉强内向的幼儿主动与老师问早，避免使之产生不必要的压力或抵触。通过与幼儿建立更亲密的师幼关系，使其逐步消除紧张感 　对于主动、有礼貌地与教师打招呼的幼儿，教师应积极回应及鼓励

（续）

目　标	特　点	教育策略及注意事项
*幼儿情绪稳定，愉快入园。能够在教师的引导下，调节自己的负面情绪	*幼儿情绪稳定、愉快，在教育和引导下，知道主动配合晨检 *初步具备情绪的调节与控制能力	*入园时，教师要关注幼儿的情绪，鼓励幼儿主动调节消极情绪。在日常生活和游戏中，为幼儿提供宽松、支持的精神环境，使幼儿情绪安定、愉快，信任老师，愿意与老师分享自己的感受，这样教师才能更好地引导幼儿学会调节自己的负面情绪 *晨检：认真贯彻"一摸、二看、三问、四查"的原则，对幼儿的身体情况和所带物品进行检查
*能够自己收拾整理物品	*学习收拾自己的小更衣柜，柜内物品摆放整齐 *在教育和引导下，知道不带危险物品和不适当的饰物入园	*根据幼儿的个性采用不同的方法，引导幼儿不带危险的玩具、物品和影响运动的饰物到幼儿园，主动交"作业"，具备自己收拾整齐小更衣柜的习惯和能力（针对有不良习惯的家长和幼儿，老师首先应在事前提出明确要求，另外，当出现问题时，要讲究处理方法，要给家长留面子，给孩子改进行为的自信与希望）
*有归属感，愿意为班集体做事 *在日常生活中引导幼儿学会安全地使用易于操作的劳动工具和用具	*幼儿愿意为班集体做事，值日生会早早来园，有责任感。做好餐前服务、照顾植物以及打扫等工作	*餐前服务：擦桌子、发放餐具 *照顾植物：浇水，清理花盆中的落叶，擦洗植物叶子，书写观察记录等 *擦玩具柜：有序地将玩具柜中的物品分层取出，擦干净柜子后，再分层放回 *相互交往：早餐前，给孩子自然交往的机会和条件（提供过渡环节玩具或孩子可以做的事情） *参与入园接待：值日生与老师共同接待同伴入园，有礼貌地与陌生的家长们打招呼，提示同伴做好早餐前的准备
*培养早睡早起、不迟到的好习惯	*按时作息，每天8：00（夏季7：40）之前到园，不迟到	*通过一系列活动，帮助家长和孩子明白为什么要早睡早起 *如果孩子来晚了，老师首先应该对家长提出明确的要求，另外照顾好晚来的孩子

（六）大班入园活动案例分享

案例：入园时遇到以下情况怎么办

情况一：教师发现家长给幼儿穿戴的服装不合适。（如裙子长过膝盖，衣服上带有尖锐物或危险的帽带，衣服过紧，不利于孩子运动等）

处理方法：

（1）与家长沟通衣着要求，应安全且适合幼儿运动。如果幼儿带了换洗衣物，应马上更换。发夹、别针有尖锐的角，容易扎伤或刮伤孩子。可以请家长先带回家。如果不能更换，一定要在活动中注意幼儿的安全或帮助幼儿处理掉有危险的部分，如剪掉帽带等。

（2）日常生活中对幼儿进行安全教育，引导幼儿了解服装与安全的关系。讨论什么样的服装更适合运动，更能保证小朋友在生活中的安全。丰富幼儿生活经验，培养安全自护意识。

情况二：发现幼儿口袋里有小珠子、小食品等小物品。

处理方法：

（1）在日常生活中，孩子们有许多自己的小心思。比如，将自己漂亮的小贴画让小朋友看看；捡到一枚漂亮的"小宝石"，藏在兜里，时时会伸手到兜里"把玩把玩"，等等。有一次，我班小朋友户外活动时，我发现他总是把手放在兜里。我怕他摔了跟头不能用手扶地，这样会摔到头、面。我让他把手拿出来。他把手拿了出来，却握着小拳头，分明手心里攥着他心爱的"宝贝"。分散活动时，他和小朋友们愉快地分享着他的"宝贝"。还有小朋友从家里带来小零食，偷偷与小朋友分享。当然，也有小朋友会在午睡时带着"宝贝"上床，还有将"宝贝"塞到鼻孔里的。这些都是有安全隐患的。

因此，教师首先要保证小朋友的安全。小玩具、小食品可以请家长带回家，晚离园后，家长再带来，让孩子与其他小朋友分享。总之避免孩子将这些物品放在口袋中随身带着，以免发生危险，如扎到自己和同伴，发生吞咽异物或异物入体等危险。

如果幼儿闹情绪，不肯让家长带走他的"宝贝"，可由教师暂时代为保管。在过渡环节时，教师可以给小朋友与同伴分享。这样既保证了安全，又缓解了孩子的负面情绪，满足了其与小朋友交往的需要。

（2）开展安全教育活动，引导幼儿讨论异物入体及食品安全等知识，提高幼儿的安全自护能力。

（3）与家长沟通，在家中开设"小小收藏角"，引导幼儿分类整理好自己收藏的"宝贝"，满足孩子"收藏"的爱好，引导幼儿废物利用，培养兴趣和动手能力。

情况三：迟到。

处理方法：

（1）多数情况是家长不了解迟到对孩子的影响，认为孩子在幼儿园迟到没什么大不了的。因此教师需要通过家长会、家长入园体验、家长约谈、入离园环节谈话等，帮助家长和幼儿了解早睡早起、规律作息有利于幼儿健康；如果早上起太晚，会影响幼儿午睡；饭菜凉了，孩子吃不舒服等。为了孩子的健康，家长要以身作则，坚持按时送孩子入园。

（2）及时奖励不迟到的孩子以及家长（小红花、小值日生工作、小印章、全勤小奖状等），巩固按时入园不迟到的好习惯。

（3）有的家长并不想迟到，但是每天早上总是慌、忙、乱，最后还是迟到了。这不包括遇到"突发情况"而迟到的情况。这说明家长在时间管理方面存在些许问题。时间管理是自我管理的一部分，做事的计划性就是时间管理的体现。时间管理的能力是需要培养的。比如，在小班时，我们的常规培养就是"做事有定时"；在中班时，我们培养幼儿做事专心不磨蹭，引导幼儿有时间意识，学习管理时间；大班时，培养幼儿做事有定时，又好又快，提高幼儿利用时间的效率。因此，不要小看"迟到"问题，不良的做事习惯会使孩子的发展受到阻碍。

情况四：未完成教师交给的任务或作业（主要是大、中班幼儿）。

处理方法：

（1）交给幼儿的任务和作业要符合幼儿年龄特点，是孩子们力所能及可以独立完成的；离园前，再和孩子强调一下任务或作业内容；教孩子自己采用图示等方法记住任务和作业，要求孩子回家先完成任务再玩，把需要带到幼儿园的东西或作业收拾好，放在书包里，才算是完成任务了，明天才不会忘记带。

（2）与家长沟通，共同培养幼儿的责任意识，这也是幼小衔接的需要。

二、盥洗活动

盥洗环节是必不可少的环节，而洗手是幼儿在园最常见的盥洗行为。从小培养幼儿勤洗手的习惯，有助于幼儿身体健康和从小养成讲卫生的健康生活习惯。

由于具体形象思维的特点，幼儿不太理解看不见的"细菌"与生病之间的关联，因此，幼儿大多是被动洗手，而不是主动、自觉、认真地洗手。幼儿对水的喜爱仿佛是与生俱来的，因此，他们在洗手时爱玩水。随着健康认知水平的提高以及长时间的要求和培养，逐渐养成吃东西前及手脏时洗手的习惯。由于幼儿每天如厕次数较多，而且如厕时大多由成人来照顾，因此，很少有幼儿养成便后洗手的习惯。

通过研究和实践，教师在组织盥洗活动时要有意识地关注活动前、活动中以及活动后三个环节。盥洗活动前后，可与幼儿进行简短地交流。交流内容主要有以下三类。一是明确活动规则。强调或讨论盥洗活动的流程，引导幼儿有序做事；强调或讨论安全规则，引导幼儿遵守社会规则；针对活动中出现的问题提要求或组织幼儿讨论解决问题的办法，形成新的盥洗活动规则。二是提高幼儿生活技能。如通过讲解示范等方法引导幼儿学习正确的洗手方法，学习挽、放袖子，学习使用肥皂、水龙头、毛巾、擦手油等。三是组织幼儿讨论、解决盥洗活动中遇到的问题，帮助幼儿丰富解决问题的经验，促进幼儿生活能力的提高。

盥洗活动时，助教或保育员老师在一旁观察、指导，发现幼儿的进步时应及时地表扬和鼓励，激发幼儿做事的积极性；发现小朋友需要帮助时，给予适宜地引导和帮助；发现问题应及时与带班教师沟通，通过集体讨论、教学活动、家园共育等方法引导幼儿丰富生活经验，提高生活能力。

遵循习惯养成的规律，通过提高健康认知水平、生活环境创设、生活自理能力培养，逐步培养幼儿良好的盥洗习惯。如在提高健康认知水平方面，结合"传染病""讲卫生"等教育，利用儿歌、故事以及图片等引导幼儿进一步理解"洗手"的重要性。可通过讨论以及解决生活中遇到的问题，如可以讨论没有水时如何讲卫生，防止病从口入，有意识地提高幼儿的生活能力。结合"季节与生活"的相关教育活动，建立保护自己身体的意识，如洗手后必须将手擦干，盥洗后抹擦手油，防止手皲；流鼻涕时及时擦鼻涕，学习擦鼻涕的方法，以免弄得满脸都是或者伤到鼻子等。在环境创设方面，给幼儿创设可以独立洗手的条件，在幼儿园里，水池、毛巾等都适合孩子使用；在家里，家长可以给幼儿提供一个可以踩踏的平稳的小凳子，方便孩子使用成人的盥洗台洗手，想办法将孩子的毛巾挂低些，便于幼儿独立使用毛巾。逐渐养成饭前便后独立洗手的好习惯。在日托园较少进行洗脸、洗脚、洗澡的活动，教师可以给家长一些建议，或引导家长思考如何创设更适合幼儿独立盥洗的条件。在盥洗能力方面，学习正确的洗手方法，全班教师的指导方法应一致；教师可以将洗手方法通过视频等方式传给家长，做到家园共育，以便幼儿更好地掌握正确的洗手方法。在日常生活中，引导家长帮助孩子从配合成人盥洗逐渐过渡到可以独立盥洗。

幼儿园盥洗活动总目标：养成勤盥洗、讲卫生的习惯。

（一）小班盥洗活动目标、特点及教育策略

目　标	特　点	教育策略及注意事项
在教师的提醒下知道饭前、便后或手脏时洗手	小班幼儿在教师的提醒和帮助下，可以做到饭前、便后或手脏时洗手	小班幼儿还没有养成良好的盥洗习惯，还需要成人的提醒和帮助，才能做到饭前、便后或手脏时洗手。因此在小班时，教师要帮助幼儿知道饭前、便后及手脏时将手洗干净，并指导幼儿逐渐做到独立正确洗手
学习正确的洗手方法 重点：掌握正确洗手的方法 难点：独立完成洗手	在成人的引领和帮助下，小班幼儿可以学会正确的洗手方法	根据小班幼儿的年龄特点，利用儿歌，采取游戏化的方式帮助幼儿掌握正确的洗手方法。包括七步洗手法，挽袖子、使用毛巾擦手及抹擦手油的方法（洗手、擦鼻涕、漱口视频）
	边洗边玩（玩水、水龙头、香皂、泡泡）。好奇、探索是幼儿的特点	教师首先理解并接纳幼儿的行为。耐心地告诉幼儿打香皂的方法。可采取语言正面指导，如双手搓出小泡泡；我们弯一下腰，不要把小肚子贴在洗手台上，这样小肚皮就不会湿了。也可采用示范法，给幼儿示范洗手方法、打香皂的方法、水龙头的使用方法。可利用故事、谈话教育幼儿节约用水，不玩水
	动作慢。小班幼儿小手肌肉力量和手眼协调能力弱。另外，由于包办代替，孩子还不会洗手，或不主动洗手，边洗边玩，所以动作较慢	学期初，幼儿对幼儿园的一日生活还处在适应阶段，小班教师要接纳幼儿的"慢"动作。入园初期，教师甚至可以先手把手帮助幼儿洗手，等幼儿情绪稳定时，再耐心鼓励幼儿自己完成洗手。在洗手活动中，小班教师要嘴勤、手勤、腿勤，及时跟进指导幼儿。洗手前，引导幼儿学习或复习洗手儿歌，强化洗手方法。创设墙饰，用图示提示幼儿洗手的正确方法，要求指导教师结合图示和儿歌指导幼儿洗手，并鼓励幼儿自己洗手。在家园共育方面，可以建议家长在家里为幼儿准备小椅子、水龙头延长器，方便幼儿自己洗手；并告诉家长洗手方法，家园教育一致，帮助幼儿掌握正确的洗手方法，并鼓励幼儿自己完成。随着幼儿技能的提高，动作也会快起来

（续）

目　标	特　点	教育策略及注意事项
学习正确的洗手方法 重点：掌握正确洗手的方法 难点：独立完成洗手	洗手时会弄湿袖子	当孩子穿长袖衣服时，教师一定要注意在洗手前提示幼儿挽袖子，并教小朋友学习挽袖子的方法；在洗手活动中，教师要再次提示小朋友挽袖子，若幼儿因衣服袖口紧、小手力量不够等原因，不能自己完成挽袖子的任务，教师要耐心地给予鼓励和帮助
	洗手后没有甩掉手上的水，地上都是水，容易滑倒	在指导幼儿学习洗手方法时，可以用游戏的方式帮助幼儿记得洗手后要在水池上方甩掉手上的水，如双手合十，对着水龙头拜拜，说"谢谢水龙头"。在指导幼儿洗手时，耐心给予幼儿提示，及时擦掉地上的水，避免幼儿滑倒
	不会使用毛巾擦手	在家庭中，毛巾一般会挂得较高，因此洗手后的擦手工作大多是由成人包办代替的。因此，教师可以建议家长在卫生间较低处挂上一块孩子使用的小毛巾，给孩子提供自理的机会。在幼儿园洗手活动前，教师可利用儿歌和示范相结合的方式，帮助幼儿学习使用小毛巾擦手。在指导过程中，教师要鼓励幼儿学习认识并使用自己的小毛巾
学习在人多时排队等待	小班幼儿对于空间方位的认知能力较弱，有时会挤在一起，不知道或不会分列站队	设置等待线、脚印等帮助幼儿学会排队、轮流 水龙头前设置一列小脚印，引导幼儿学习排队洗手，不拥挤。这列人多，没有小脚印了，引导幼儿找其他有小脚印的地方站队

（二）小班盥洗活动案例分享

案例一：不弄湿小衣服

　　小班幼儿在洗手的时候总会打湿衣袖。天气凉了，老师们担心孩子们穿着湿了的衣服不舒服，总是换衣服又会诱发感冒。因此，每次洗手前我们都会一遍一遍地要求孩子们先把袖子挽起来，可是洗过手后还是会有小朋友弄湿了袖子。小班孩子注意力还不太集中，而且他们对于新鲜的东西更感兴趣，我们为什么不换一种方法呢？

1.巧用儿歌来帮忙——洗手儿歌。老师们很清楚，小班幼儿活动的特点是"游戏化的一日生活"，带班中，老师努力地使用拟人化的语言带孩子们活动，不管是洗手还是喝水，都会和孩子们一起说儿歌、做游戏，学习一些简单的生活技能。如洗手儿歌：一像面条搓搓搓，二像老虎抓抓抓。三像炒面炒炒炒，四像小车推推推。五像陀螺转转转，六像小鸟飞飞飞。七像手铃摇摇摇，八打开水龙头冲小手。

2.巧用实验来帮忙。有的孩子虽然洗手时已经卷起了袖子，但还是会把袖子弄湿。通过观察发现，由于孩子洗手时的姿势不正确——手臂弯曲向上，才使得水倒流进了衣袖。于是我带着孩子做了一个小实验，我们分别拍摄了用两种不同方法洗手的视频，一位小朋友搓泡泡时手臂弯曲向上，一位小朋友搓泡泡时手臂向下。引导幼儿观察发现，手臂弯曲向上的小朋友，泡泡水顺着手臂流进衣袖里，弄湿了衣袖。这个实验让孩子很快懂得了"洗手时手臂向下才能不弄湿衣袖"的道理。

无论是用儿歌，还是做实验，老师最终都解决了孩子洗手打湿衣袖的难题。抛出了这两块"砖"，相信老师们只要多观察，多想办法，肯定还有更多的"美玉"出现。

案例二：小手变变变

入园初期，幼儿没有掌握正确的洗手方法是很普遍的一件事，因为在入园前，几乎每位孩子的家长都在洗手这一环节中包办代替，他们知道，这么小的孩子如果手洗不干净，容易生病，病从口入。同时，幼儿自己洗手时，喜欢一边洗手一边玩水，玩香皂，玩泡泡等。

小班幼儿的特点是一日生活游戏化，他们爱模仿，模仿可以成为他们的学习动机，也可以成为他们学习他人经验的过程。他们喜欢模仿老师、家长和同伴，所以我们把七步洗手法创编成儿歌带给幼儿，使幼儿在玩中学，在学中玩，对洗手感兴趣。第一，利用过渡环节引导幼儿边做动作边说儿歌，反复熟悉儿歌。第二，教师结合洗手图片和儿歌指导幼儿洗手，让孩子一边说儿歌一边使用正确的洗手方法洗手。刚开始指导幼儿洗手，教师要及时跟进，手勤、嘴勤，时间长了，孩子对洗手的方法和步骤越来越熟悉了，可以做到不用看图片，也不用教师提醒就可以自觉地正确洗手。

案例三：小脚印大用处

每次请小朋友们洗手的时候，孩子们特别喜欢挤在一起，你推我来我挤你，你高喊来我尖叫，好不热闹，尽管老师提醒很多次，但是只要老师稍有不注意，这样的情况就会再次出现。为什么会这样呢？

分析原因，发现很重要的一点就是盥洗室的设计不是很合理，空间很小，这给造成孩子们的拥挤创造了契机。那还有没有其他好方法来解决拥挤吵闹这一问题呢？我想到了发挥"小脚印"这一隐性标志的作用。在对应盥洗室的洗手池的地面上，贴上了三双"小脚印"。

第二天，就有很多孩子发现了盥洗室的变化，纷纷把这个发现告诉了我。于是我和孩子们的对话开始了："你们的眼睛真亮呀，盥洗室里多了一些小脚印，这是怎么回事啊？是不是想告诉我们什么呀？"是告诉我们要排排队。"马上有孩子回答道。我又问："为什么要排队呢？""因为每次洗手我们都是挤来挤去的。"很懂道理的骁说道。"是呀，所以小脚印来帮忙了啊？那你们知道我们怎么来排队吗？""我知道，我知道。"大家你一句我一句，都想把自己的想法说出来。爱动脑筋的小亮抢着说道："就是我们站在小脚印的地方排队，看到有空的水龙头我们就过去洗手，这样就不挤了，小朋友也不会摔倒了。"小亮的回答得到了全班小朋友的一致赞同。果然，自从有了"小脚印"，盥洗室里以前那种拥挤吵闹的现象再也没有发生了，孩子洗手很有秩序。会说话的标志可真好！

案例四：神奇的水龙头

由于年龄特点所致，小班幼儿手部的精细动作还没完全发育好，在控制水龙头的水流大小时，还不能把握好，一下子水流就开得很大，也有的小朋友知道要开小一点，可是不知道多小才是小。

有一次洗手时，由于水开得太大了，小川的衣物被溅湿了。借助这个教育契机，我通过讲故事的方式引导孩子学习控制水流的大小。

故事内容如下：有一个神奇的水龙头，它的肚子里有许多很宝贵的水。它能帮助人们做很多事情，洗澡、洗菜、做饭都离不开它。神奇的水龙头，它特别喜欢和小朋友们在洗手时玩游戏，每次小朋友们去洗手时，神奇的水龙头都特别开心，它觉得能为小朋友们服务，能把小朋友的小手洗干净，保护小朋友们不生病。这个时间是水龙头最开心的时刻。

可是有一天，神奇的水龙头流泪了，它为什么会哭呢？原来是因为有的小朋友在开水龙头时，小手使用的力气太大了，好多好多的水流出来，溅得小朋友身上、地上都是水。水龙头说："洗一双小手，根本用不了这么多的水，这些水都浪费了，太可惜了！而且，小朋友开水龙头时，太使劲了，都把我弄疼了！"

故事讲完了，我们应该怎么做才能保护神奇的水龙头呢？在洗手时，我们要轻轻地打开水龙头，开到小手指大小的水流就可以了。这样能把小手洗干净，也不会把水溅到哪里都是，也不会浪费那么多水了。这样水龙头就会特别开心了。

（三）中班盥洗活动目标、特点及教育策略

目　标	特　点	教育策略及注意事项
重点：饭前、便后、手脏时能够主动洗手，并能够独立正确地将手洗干净	中班幼儿有一定的健康认知，知道洗手是讲卫生的行为。但是，多数幼儿还没有养成饭前、便后、手脏时主动洗手的习惯	*丰富幼儿健康知识，提高幼儿健康认知水平。结合幼儿生活经验，通过盥洗活动前后的讨论活动，帮助幼儿进一步了解洗手的作用，了解人们是如何通过洗手预防疾病的等 *饭前、便后、手脏时，提示幼儿洗手，鼓励幼儿不用教师提示就可以主动洗手 *鼓励幼儿认真将手洗干净，帮助幼儿掌握正确的洗手方法。认真观察幼儿洗手，帮助幼儿纠正不正确的洗手方法
能够根据需要使用擦手油，并逐步掌握涂抹手油的方法	中班幼儿在教师的提示下能够自己擦手油。但是缺乏自主保护皮肤的意识	根据季节的变化，引导幼儿感知季节对人皮肤的影响，引导幼儿洗手前挽袖子，洗手后涂抹擦手油等 提高幼儿自我保护的意识和经验
不玩水，懂得节约用水	玩水是幼儿好奇的天性使然。缺乏节约用水的意识	*作为教师，首先要接纳孩子玩水的天性，通过讲故事、讨论等方式，帮助幼儿了解水与人们生活的关系，逐渐提高幼儿节约用水的意识
专心洗手，不磨蹭	有不少小朋友缺乏时间管理能力，时间意识淡薄，做事不专心、边玩边做	*对于中班幼儿来讲，生活活动的指导重点在于一个"快"字，中班教师要时刻放在心里 *要接纳孩子的"慢"，教师不要急于求成。因为，在有序做事的基础上，做事再快些，说得容易，做到难。有不少教师和家长只是一个劲儿地催，"快一点儿，怎么这么慢呀……"成为教师和家长的口头禅，忽略了用心帮助孩子丰富提高做事速度的经验

（续）

目 标	特 点	教育策略及注意事项
专心洗手，不磨蹭	有不少小朋友缺乏时间管理能力，时间意识淡薄，做事不专心、边玩边做	*利用生活活动前后的集体讨论环节，引导幼儿讨论怎样才能快些，根据幼儿的已有经验，帮助幼儿总结提升新经验，逐渐提高做事的速度 *利用小定时器、小沙漏等计时工具，帮助幼儿感知时间，树立时间意识，逐渐提高时间管理能力
学习在人多时排队等待	中班幼儿对于空间方位的认知能力较弱，有时拥挤 中班幼儿解决问题缺乏灵活性，有时只知规则，不知变通。如给男孩子指定两个水龙头，就算女孩子排队的水龙头没有人，也不会过去排队	*设置等待线、脚印，帮助幼儿学会排队、轮流。引导幼儿学习排队有序洗手，不拥挤 *当排队洗手的小朋友多时，引导幼儿观察，允许幼儿变通，找人少的地方排队洗手。通过讨论，帮助幼儿分享解决问题的办法，提高幼儿解决问题的能力

（四）中班盥洗活动案例分享

案例一：两件法宝

盥洗室中，润杰一边和身边的小朋友聊天，一边不认真地洗手。如何培养中班幼儿认真做事、不磨蹭的好习惯呢？我们在生活活动中尝试使用"小值日生"和"小沙漏"两件法宝，来帮助小朋友树立时间意识，提高做事的速度。

1.小沙漏用一用。给每个水龙头找好朋友"小沙漏"。我们为小朋友选择了30秒的小沙漏，引导幼儿在洗手前，将水龙头前的小沙漏扭转过来。这样我们就将"30秒内完成洗手任务"的要求物化在环境中了。"认真做事""不磨蹭"是我们让中班幼儿养成的良好做事习惯。孩子们在"小沙漏"的帮助下，时间观念增强了，洗手也更加专注了。

2.小值日生提示法。幼儿园的值日生工作是幼儿在园为集体服务的一种形式，是劳动教育，是促进幼儿社会性发展的一个重要教育策略。值日生服务在幼儿园往往是从中班开始的。教师尝试教给小朋友一些简单的管理或服务任务，小朋友轮流担任值日生，尝试为集体服务。

在盥洗活动中，教师请小朋友轮流担任值日生，负责维护盥洗活动的秩序，提示小朋友用正确的方法认真洗手、摘毛巾擦手。盥洗活动后，请值日生小朋友评价全体小朋友是否都做到了认真洗手、不磨蹭。

另外，家庭是幼儿园的合作伙伴，幼儿良好习惯的养成离不开家长的理解与支持。孩子们来自不同的家庭，受着不同的家庭教育与影响，为了使孩子们养成良好的生活卫生习惯，我们向家长推荐在家中方便可行的教育方法。如"示范法"，家长做事专注，不拖延，对于孩子们专注做事不磨蹭会起到良好的示范作用。又如"比赛法"，家长可以通过和孩子一起比赛的方法，引导孩子改进洗手的方法，不断提高生活自理能力，帮助幼儿提高做事的速度。

案例二：我爱小水滴

在盥洗活动中，我经常发现班级幼儿喜欢玩水，一方面是因为他们好奇心强，喜欢探索周围事物，另一方面是幼儿还没有树立节约用水的意识。为了帮助幼儿树立节约用水的意识和行为，针对班级幼儿玩水的行为，我和班级教师一起采取了以下措施和教育方法。

1.观察法。在日常生活中，我们引导幼儿通过观察，发现生活中做什么事情需要用到水。在观察的基础上，我们组织幼儿讨论，引导其深入思考，逐步树立节水的意识。我们在幼儿园找到一些干枯植物和脏了的衣服，并引导幼儿看一看、想一想、说一说。用启发的方式提问幼儿"小花和小草为什么干枯了？""脏了的东西怎么办？"鼓励幼儿大胆表达，并引导幼儿想象"如果没有水，我们的一天该怎样度过？没有水我们会怎样？"通过一些问题激发幼儿感知水对我们生活的重要意义。

2.合作式的学习方法。引导家长和幼儿一起制作节水宣传画与节水标志，带领幼儿一起去幼儿园里寻找并将标志和宣传画贴到合适的位置，同时在班里张贴节约用水的标志，时刻让幼儿与环境互动，提醒幼儿节约用水。

3.通过玩水游戏，让幼儿感知水的特征。为了满足幼儿的探索需要，夏季时，我们会组织幼儿开展玩水游戏。例如，带领幼儿一起玩吹泡泡的游戏；用手拍打水面，溅起的水花会让孩子得到一种快乐的体验；手指水枪：两手交握，把水贮存在手中，用力一挤，就成了一把手指水枪；在塑料袋上戳几个小洞，装满水后，往高处一挂就变成好玩的莲蓬了。通过多种玩水的游戏，让幼儿无拘无束地接触水，尽情地探究、发现，满足幼儿对水的好奇心和探索需要。

观察、游戏之后，我组织孩子们进行讨论。"我们什么时候可以玩水？

什么时候不应该玩水？"请小朋友谈谈想法，并说出原因。让幼儿明白规则意识，并能够一起遵守。

4.情境法。为了培养幼儿的节约用水意识，我还找了一些干旱地区、缺水地区的图片，让幼儿感受水的重要性，引导其节约用水。同时，我们还一起讨论了节约用水的好办法，引导孩子们从身边的小事着手，从节约一滴水开始，逐步养成节约用水的好习惯。

通过以上方法，班级幼儿一方面了解了水的特性，感受到水的有趣，另一方面也更加珍惜水，逐步养成了节约用水的行为习惯，在生活中也积极地引导家人节约用水，用淘米水浇花，用洗衣服水冲厕所等。孩子们在用自己的行动建设绿色环保的世界。

（五）大班盥洗活动目标、特点及教育策略

目标	特点	教育策略及注意事项
重点：养成饭前、便后、手脏时主动洗手的习惯	大多数幼儿已经养成吃东西前洗手的习惯，不用成人提醒。有不少幼儿手脏时，尤其是便后洗手的习惯尚未养成	*丰富幼儿健康知识，提高幼儿健康认知水平。结合幼儿生活经验，通过盥洗活动前后的讨论活动，讨论什么叫"病从口入"，为什么饭前、便后要洗手等问题。帮助幼儿了解洗手与预防疾病之间的关系，知道认真洗手的重要性 *认真观察幼儿洗手，鼓励幼儿自己想办法解决发现的问题。共性问题，可以利用洗手活动前后的集体讨论环节讨论解决。对于大班幼儿生活活动的指导重点在于培养幼儿做事有序、自主、又好又快 *观察习惯养成的情况。如有多少小朋友能够不用成人提醒，就能主动自觉做到饭前、便后、手脏时认真洗手。通过表扬鼓励幼儿逐渐养成习惯
熟练按照洗手的程序和规则洗净双手，不弄湿衣服和地板	大班幼儿已经掌握了正确洗手的方法，但常常会出现边玩、边聊天时洗手的情况，忽略洗手步骤，有应付的情况，个别幼儿存在做事不够认真仔细，洗手时弄湿衣服和地板，不摘毛巾擦手等问题	*观察认真洗手的情况。如有多少小朋友是按正确步骤认真洗手的。教育幼儿认真将手洗干净，才能预防"病从口入"，帮助幼儿复习巩固正确的洗手方法

（续）

目 标	特 点	教育策略及注意事项
能够根据需要使用擦手油，并逐步掌握涂抹手油的方法	大班幼儿有一定的自我保护意识	*观察自我保护意识的情况。如有多少小朋友能够根据季节的变化，知道保护自己的皮肤，主动挽袖子、弯腰洗手、不弄湿衣服、摘毛巾擦干手、抹手油
自觉节约用水，根据需要熟练调节水流大小	大班幼儿具有一定的节水意识	*观察安全意识的情况。如洗手后知道在水池上方甩掉手上的水，不把水弄到地上，避免滑倒 *观察环保意识的情况。如小朋友能否自觉节约用水，根据需要调节水流大小
在洗手人多时自觉排队等待，洗完手自觉离开洗手间	大班幼儿的交往能力有提高	*观察社会性发展的情况。如洗手人多时，观察小朋友能否自觉排队等待，不拥挤；聊天说话时，控制音量，不大声喊叫 *观察交往能力的发展情况。如观察值日生与小朋友的互动，与值日生共同讨论如何参与和进行班级管理，提高幼儿的社会交往能力
根据特殊情况，有一定的灵活性（如台子上有水时、地上有水时、盥洗间人多时）	大班幼儿有一定的解决问题的经验	*大班教师要善于观察，在生活活动中发现问题，捕捉生活活动中的教育契机 *大班教师不要急于帮助幼儿解决问题，而应运用"问题式"的教育方式，让孩子在问题和困难中多"泡"一会儿，鼓励幼儿动脑筋想办法解决问题。利用生活活动前后的集体讨论环节，引导幼儿讨论分享经验，逐渐提高解决问题的能力和自信。如洗手台上有水时怎么办？洗手间地上有水时怎么办？洗手的人多怎么办？ *根据幼儿已有经验，在解决生活中"真问题"的过程中，帮助幼儿做好幼小衔接工作。如了解小学生是怎么洗手的；遇到停水了，或没有条件洗手时，要吃东西怎么预防病从口入等，提高幼儿的生活能力

（六）大班盥洗活动案例分享

案例一：节约用水从我做起

1.发现问题。有部分幼儿在洗手环节速度很慢，全班小朋友需要很长时间才能完成洗手活动。通过观察发现，孩子们喜欢玩水，利用洗手的机会玩起水来，不仅没有认真将手洗干净，而且浪费了水，导致做事的速度慢下来。

2.组织讨论。发现了孩子在洗手环节的问题，我们和孩子进行了讨论。"有一些小朋友洗手洗得又好又快，你们是怎么做到的呢？"明达回答："我每次洗手都按老师的要求认真洗手，不和小朋友聊天，所以洗得就快。""为什么有的小朋友洗得就慢呢？"六六回答："他们在洗手时玩水了，所以洗得慢。""小朋友洗手洗得慢，是因为玩水了，小朋友爱玩这是很正常的，但是小朋友都明白一边玩一边做事，做事的速度肯定就慢了。边玩水边洗手，除了使你洗手的速度慢了，还会怎么样呢？"晓涵回答："玩水了，就把水浪费了，水是很珍贵的。""对了，水对我们来说是很珍贵的，有一些地方严重缺水（出示图片），小朋友看到了什么？""那个小孩洗手洗脸的水真脏""鱼都没有水了，干死了"……

3.采取措施。通过讨论，孩子已经有了一些节约用水的意识。为了使幼儿有更深的印象，使节约用水的好习惯内化于心，切实做到节约用水，我们采取了一系列措施。

（1）通过小实验来了解自己洗手用了多少水。在孩子洗手环节，我不经意地在每个水龙头下面加了一个盆，孩子洗手的水都接在了盆里。我有针对性地接了几个小朋友洗手的水，之后让孩子观察，有的小朋友洗手用水很少就能把手洗干净；有的小朋友洗手用水很多。小朋友看到玩水的小朋友的确用了很多水，都说真浪费水。

（2）制造停水契机。户外环节时，小朋友在玩沙区游戏。都回到班里，手很脏准备洗手，可是小朋友发现停水了。孩子愁眉苦脸，"哎呀，怎么办，手脏死了，真难受！""手这么脏，什么都干不了了！""什么时候来水啊！"这时候，我又拿出那些缺水的图片让孩子们看，让孩子们真正体会没有水的感受。孩子们都不说话了。

（3）共同制定节水公约。孩子们感受到没有水的严重性，决定制定节水公约：打开水龙头把手弄湿后立即关掉水，打香皂搓手时不能开着水龙头；每个小朋友洗手时间不能多于33秒，用计时器计时；建立奖惩制度，小值日生进行监督。

通过一系列措施，孩子们在洗手环节玩水的现象没有了，都能够又快又好地洗手，每个小朋友都树立了节约用水的意识。

案例二：我是健康小卫士

为了防止"病从口入"，让幼儿在幼儿园里度过美好的童年，我们把洗手环节作为幼儿良好生活卫生习惯培养的切入点对幼儿实施教育。勤洗手是防止疾病传播最有效的预防措施，很多疾病都是通过手部接触传染的，而预防幼儿生病的最好方法是彻底做好清洁，加强对幼儿主动洗手意识的培养。通常情况下，幼儿是从"在成人帮助下洗手"过渡到"在别人直接提醒下洗手"，而这种"提醒"往往延续到小班以后，甚至直到大班。幼儿靠"提醒"才洗手，甚至在"提醒"下都不洗手或不认真洗手，这与我们培养幼儿洗手习惯的本意是有距离的。很多时候，幼儿是为了执行教师的要求才洗手，没有真正意识到洗手对自己的好处，常常处于被动状态。由于幼儿认知发展的限制，缺乏对卫生、细菌、疾病等相关概念及因果关系的认知，加之病菌特殊的存在方式，导致幼儿对手的卫生与疾病的引发等关系认识不清，常常觉得洗手麻烦而不认真洗甚至不洗。为此，我们展开了"看不见的细菌"活动。

通过观看健康教育活动视频"细菌在哪里"，让孩子知道很多细菌是我们肉眼看不到的。观看后，我们与孩子们一起实践操作：户外活动回来，我拿了一大盆水，让孩子们在盆里洗手，洗手后观察盆里的水，灰突突的。我们与孩子们一起讨论为什么会这样……从活动的结果看，孩子们都知道了为什么要洗手，手上有看不见的细菌。

洗手的问题解决了，我们又发现很多孩子在如厕后不能主动洗手。我们与孩子们讨论便后要不要洗手，为什么要洗手，如果不洗手会怎么样。

我们与幼儿一起寻求答案，孩子们回家后纷纷找寻资料。有一天希希带来了自己与妈妈在电脑上找到的答案：原来无论是大便还是小便，都要去厕所，而厕所里，尤其是公共厕所，空气中细菌的含量特别多。而这些细菌大多数是能使人生病的细菌，比如大肠杆菌、痢疾杆菌等。这些细菌是人的肠道寄生菌，在排出大小便时，随粪便一同排出，当然在厕所里就比较多了。当你上厕所时，手上就不可避免地会沾上细菌。除了文字资料，还带来了一些在显微镜下的细菌的图片，很多孩子说细菌像小虫子，有的说细菌像蚯蚓，有的说细菌像一个个小气泡……

天天带来了另外的答案：如果你便后不洗手，细菌就会停留在你的手上。你吃东西时，细菌则会通过你的手同食物一道进入你的体内，进而使你生病。所以小朋友要记住，便后一定要洗手。有的人洗手很不认真，随便用水冲一冲手就完了，这样做起不到洗手的作用。洗手一定要抹上肥皂，并认真地搓洗。肥皂是一种化学物质，含碱性，本身有杀菌作用。另外肥皂的泡沫也可以把细菌卷起来带走。洗手最好用流动的水，以免再次被脏水污染。

然然说：如果大便后不把手洗净就去拿玩具，会把病菌转移到玩具上，再边玩边吃东西，或接着去吃饭，就易传染上疾病。

就这样，孩子们找到了很多答案，我给孩子们足够的时间，在小组中去讲一讲自己找到的答案。在小组分享中我还有意外的收获，小小说：饭前要洗手的道理也是一样，也是为了防止在吃饭时，把脏手上的细菌吃到肚子里。爸爸说"病从口入"就是这个道理。

简简单单的3个问题，可以让孩子们找到这么多答案，看来我们的孩子在问题中已经得到了发展。

案例三：主动来洗手

洗手活动是幼儿园一项非常重要的生活活动。幼儿能够主动、正确规范地洗手，不仅有利于幼儿保持健康的身体，而且有利于幼儿良好卫生习惯的养成。但是，九月份开学初我们发现，幼儿洗手过程基本上都是在老师的监督、提醒之下完成，幼儿缺乏主动意识，影响了洗手卫生习惯的养成。于是老师共同想办法，促进幼儿主动洗手习惯的养成。

开学，我班幼儿进行户外活动后回到教室，大部分幼儿都是在老师的监督、提醒下去洗手的，我没有主动叫小朋友洗手，孩子们都自己拿过渡环节玩具开始玩，都没有人提出要洗手。这时，我意识到我班幼儿洗手习惯的被动性。对此，我开展了以下几个阶段的活动，希望通过这些活动培养幼儿主动洗手的习惯。

1.知道洗手的重要性。游戏结束后，有些幼儿去洗手，小宝说："我不用洗手。"我问他为什么，他张开双手给我看："我手不脏。"其他两三个幼儿看看自己的手也说是干净的，不想洗手。我没有马上评判他们的说法，而是引导他们通过自己的认识来做最后的决定。这时，文瑞说："手上有细菌的。"我就问："你们知道细菌长什么样吗？"浩然用手比画了一个小圆说："就是这样的。"幼儿纷纷摊开手找细菌："没有啊？"我说："不如我们一起来看看细菌的照片，看看细菌长什么样。"我打开白板，请幼儿看了提前准备好的细菌的图片，他们得到了答案，很兴奋。我问他们现在要不要洗手，幼儿都说要洗。在盥洗室里，有的幼儿一边洗一边说:"细菌,细菌,洗掉你。"幼儿在知道了细菌的存在,并且知道细菌很小很小,要在显微镜下放大后才能看得见后,就开始有了主动洗手的意识。

2."我是小小管理员"。通过与幼儿一起做统计图,激发幼儿主动洗手的意愿。为了培养大班幼儿主动洗手的好习惯,我们开展了"我是小小管理员"的活动,通过此活动引导幼儿做班级的小主人,自己管理自己,并参与班级管理。

在幼儿一日洗手环节,教师首先不进行提示,鼓励幼儿自我管理,养成主动做事的习惯。在一次洗手环节中,教师进行了一次统计,32名洗手幼儿中,有19名幼儿能够主动洗手,其余13名幼儿需要老师提醒。活动后,老师与幼儿一起开了一个小总结会,并将数字告诉幼儿,孩子们有些惊讶,并表示不希望自己是那13个人中的一个。通过此活动鼓励引导幼儿洗手要主动。

我们连续统计了两天,并且每次都会把结果告诉孩子们,大家发现不主动洗手的幼儿越来越少,大家的主动性越来越强,最后一次统计时,已经没有不主动洗手的人了,孩子们自豪极了。

3.通过与小班、中班幼儿的对比,激发幼儿洗手的主动性。孩子们刚升入大班,心里充满了自豪感。作为大班的哥哥、姐姐,洗手环节与小中班有什么不同呢?我特意为幼儿拍摄了视频,大家看了以后共同讨论,共同回忆自己小班、中班时洗手的状态。讨论后更增强了幼儿作为哥哥姐姐的自豪感,激发了幼儿主动洗手的愿望。

4.鼓励幼儿便后主动洗手。一天,天成小便后主动洗手,我就在过渡环节时表扬了他,并奖给他一颗五角星,其他幼儿非常羡慕。于是我鼓励他们只要做到便后也能主动洗手,就能得到五角星。教师对于孩子的点滴进步要及时肯定,这样不仅可以增强他的积极性,而且可以起到鼓励其他幼儿的作用。第二天早上,有5位幼儿如厕后主动洗手,我也给予了奖励。持续两个星期后,幼儿主动洗手的情况越来越好,基本可以全部做到便后主动洗手。

我们都说要培养幼儿良好的生活卫生习惯,可偏偏忽略了这些习惯主动性的培养,而习惯以命令、指示的方式去要求他们该做什么。作为一名幼儿教师,应该积极运用各种教育手段为幼儿的发展创设有利条件。通过这次活动,我感到我班幼儿经过老师的引导和幼儿自身的努力,完全可以形成良好的卫生习惯。

案例四：我们一起来排队

幼儿良好生活习惯的培养是幼儿园教育工作中一项非常重要的任务，同时家庭教育对幼儿良好生活习惯的养成有着不可忽视的作用。在当今社会竞争激烈的大环境下，许多家长更多注重的是孩子学习能力的发展，而行为习惯、卫生习惯却往往不被重视。

我班幼儿在盥洗排队环节还存在许多问题，如大多数幼儿不排队等。我从问题出发，通过有效地挖掘盥洗环节中的教育契机，以游戏为基本活动，采取多种方法有意识地进行培养。鲁迅先生有句名言："游戏是儿童最正当的行为，玩具是儿童的天使。"游戏能调动幼儿的积极性，是促进幼儿健康成长的有效途径，也是表现和发展幼儿积极性、主动性和创造性最好的活动方式。因此，应针对儿童的特点，打破传统的组织形式，将其变为丰富多彩的游戏形式，多做一些儿童喜欢的游戏，将教育与游戏融于一体，使幼儿在玩中养成习惯。例如，在洗手前组织幼儿站队时，我们可以采取"小蚂蚁排排站"的游戏，让幼儿学"小蚂蚁"的样子，伸出小手的食指，然后把小手放在头顶上当作小蚂蚁的触角，轻轻地排成一竖排，走到盥洗室。

1.为什么会这样。一日各环节中，生活活动占了很大的比重，其中，盥洗活动的频率最高：小便、洗手、喝水。由于幼儿人数多、资源有限，在完成这"三部曲"时，幼儿经常要面临着"排队等候"的问题。在排队的过程中出现许多问题、矛盾和冲突，这些问题还着实影响到正常教学活动的有序开展。所以，通过适当引导，合理解决"盥洗三部曲"时的排队问题，将大大提高幼儿生活活动的效率。在这一引导过程中，我们逐渐发现，通过让幼儿自主调配盥洗环节，更有利于幼儿高效地完成盥洗，减少"排队等候"，从而使各活动环节更为紧凑，还能培养幼儿节约时间、有效利用时间的意识。

2.我们这样做。

（1）知道排队的重要性。

案例：这里是上海地标性建筑——东方明珠塔，可是在这里却发生了一幕惨剧。（播放视频"上海外滩踩踏事件"）

教师：图片上的这些爸爸妈为什么这么伤心？他们的孩子去哪里了？

讨论：踩踏事件给人们的生活带来了什么危害？为什么会发生踩踏事件？如何避免踩踏事件的发生？

（2）了解"自觉排队日"。出示两队孩子排队的图片，介绍自觉排队日的来历：每月的11日为自觉排队日，意为两人以上就应像"11"一样按顺序排列。

3.游戏体验法：情景体验——游戏"乘坐地铁"。

（1）教师：老师原本以为这些踩踏事件离我们很远，可是有一次在乘坐地铁的时候，那种拥挤的感觉忽然就让我想到了这一幕。门一打开，黑压压的人群不等我走出车厢，就一拥而进。最后我是从很小的缝隙中使了很大的劲才挤出来。请幼儿讨论如何安全上下车厢，引导幼儿知道在车厢两侧有序排队，两队中间留有空隙，方便车厢里的人出来。

（2）游戏玩法：四张拼接的泡沫地垫代表车厢，两名幼儿扮演车厢的两扇门。部分幼儿站在车厢里面扮演坐车的乘客，部分幼儿站在门前扮演"等车"的乘客。引导幼儿排队站在电梯门两侧。老师发出"叮咚"的声音，表示到站了。车厢门打开（两名扮演车厢门的幼儿先拉手并肩站立，然后松开手各向外侧移动两步，表示门开了），乘客先下后上。交换角色继续游戏。

4.争当排队指导员。在日常活动中，如上厕所洗手，教学活动中领取纸笔的时候，引导幼儿自觉排队，内化自己的认识和理解。制作"自觉排队"宣传画。

5.延伸部分。将"自觉排队"宣传画布置在幼儿园各个环境中，让环境"说话"。

案例五：真生活、真问题是促进孩子发展的法宝

在日常生活中，我们培养孩子们手脏时主动认真洗手，目的是培养幼儿从小讲卫生、防止病从口入的好习惯。这一点，作为幼儿教师，我们要非常清楚，而不是每日麻木地组织洗手活动，为了洗手而洗手。我们也常常了解到，孩子们上小学以后，没有教师组织洗手时，学生就不认真洗手，更谈不上便后主动洗手了。那么，没有监督、督促时，孩子们就不能认真洗手了，是不是说明我们的孩子们并没有养成饭前便后洗手的习惯呢？怎样才能使孩子们真正养成讲卫生的好习惯呢？当没水不能洗手时，孩子是否还有讲卫生的意识呢？是否有什么别的办法可以防止病从口入呢？于是我们今天就做了一个小实验，和孩子们讨论没水时怎样清洗自己的小手。

1.停水时我们应该怎么办？我们将班里的闸门关掉，让孩子们体验没水时，要怎样清洗自己的小手，怎样吃东西才讲卫生？孩子们开始讨论和

想象，有的孩子说我们不用手拿东西吃，用筷子夹着食物，直接用嘴吃就行；有的孩子说我们喝奶有杯子，手不会弄脏奶；有的孩子说我们可以用湿纸巾擦擦手再吃东西；还有孩子说我们可以在班里每天放一桶水，等停水时用。我问孩子们，就算班里有备用的水，我们都在一个盆里洗手多脏啊。孩子们说，那就一个一个洗，每人用一点水，谁也别浪费水。孩子们讨论得很激烈，有孩子说每人柜子里都要提前放一瓶矿泉水，当停水时可以用来喝和洗手。

2.出去玩或旅行时没水怎么办？与孩子讨论，了解出去玩时，没有水洗手而又要吃东西时该怎么办。有孩子回答那就不洗了，直接用袋子和纸包着东西吃；有孩子说会用干洗液洗；有孩子说妈妈会带矿泉水，会用矿泉水和水壶里的水洗手；有孩子说会用湿纸巾擦手；还有几位小朋友说，如果周围有小溪或河，会用那里的水洗手。我与几位小朋友的家长进行了解，家长们表示带矿泉水、湿纸巾、干洗液的家长居多。

在与孩子们的讨论中，我发现，孩子们对于停水或外出没有水的情况如何洗手，从来没有操过心，都是家长或老师为孩子们提前准备好清洗用品，提醒孩子们饭前便后洗手。我们也发现，孩子们讲卫生、洗手的意识是很强的，而且对于外出时没有条件洗手时的生活经验还是有的。因此，我们与家长沟通，在日常生活中，点滴的示范与沟通都是对孩子潜移默化地教育。真生活、真问题是促进孩子们生活能力提高的法宝。

三、进餐活动

《幼儿园教育指导纲要》中指出：幼儿园必须把保护幼儿的生命、促进幼儿的健康放在工作首位。幼儿期正是生长发育最为迅速的时期，也是各种良好习惯养成、智力发展最佳的年龄阶段，及时为幼儿提供所需营养，从小养成良好的进餐习惯是促进其生长发育的重要保证，而良好的进餐习惯又是保证幼儿营养摄入的重要前提。

进餐活动是幼儿一日生活中重要的生活活动之一。教师十分重视进餐活动的组织，在进餐活动中不仅要照顾幼儿"吃好饭"，而且要培养幼儿不挑食不偏食等健康饮食习惯，同时在进餐活动中培养幼儿文明进餐的习惯和自主进餐的能力。在保证幼儿身体健康的同时，促进幼儿生活自理能力的提高。

进餐活动总目标：营养均衡，文明进餐。

（一）小班进餐活动目标、特点及教育策略

目　标	特　点	教育策略及注意事项
*培养营养均衡、文明进餐的饮食习惯	*在教师的引导下愿意独立进餐	*创设轻松、愉快的进餐环境。以鼓励、表扬为主，可适当指导、引导、帮助。不在进餐时训斥孩子
	*在引导下，幼儿能够掌握基本的用餐方法，能够正确使用小勺独立进餐	*采用游戏与日常生活结合的方式，帮助幼儿逐步学会自己端饭碗、拿小勺。还碗时，能分类摆放好餐具 *掌握正确使用小勺的方法（三指捏，身体坐正） *家园共育： ①引导家长重视幼儿生活能力的培养，了解生活能力的获得不只是为了将来的独立生活，更为幼儿将来能自信地生活打下良好的基础 ②在家庭中尽量放手，鼓励幼儿独立进餐
	*由于教养方式不同，孩子们的进餐速度差异较大，有的孩子进餐时间很长，有的孩子则很短	*进餐速度合适，不过快，也不过慢。明确速度：小班应做到尽量独立进餐，对于个别幼儿，也至少让幼儿独立进餐5~10分钟后，才能喂食 　早餐：每位幼儿进餐时间15~20分钟 　午餐、晚餐：每位幼儿进餐时间20~30分钟 *对于吃饭过快的幼儿：引导其细嚼慢咽，尤其是对超重或肥胖幼儿 　对于吃饭过慢的幼儿：引导其快嚼快咽，以免饭菜变冷，影响健康
	*由于教养方式不同，孩子们存在不同程度的挑食和偏食问题	*通过健康主题活动，引导幼儿初步了解简单的健康饮食知识。教育幼儿喜欢吃健康食物，逐步做到不挑食、不偏食 *在教师游戏化的引导和劝说下，能够尝试吃多种食物，逐步改正挑食和偏食的不良饮食习惯 *根据幼儿的个体差异，照顾幼儿进餐，如超重儿、肥胖儿、体弱儿的护理

（续）

目　标	特　点	教育策略及注意事项
*培养餐后整理餐具、擦嘴、漱口的好习惯	*在教师的引导下，逐步学会分类摆放餐具，正确使用餐巾纸擦嘴，用正确的方法漱口	*分类摆放餐具：在教师的指导下，将用过的饭碗盘、勺子放在指定位置或容器内 *采用表扬、鼓励等方式，让幼儿逐渐养成饭后擦嘴、漱口的好习惯 *在观察的基础上，帮助幼儿基本上掌握正确擦嘴和刷牙的方法（多观察、多鼓励、适当帮助。全班教师的指导方法应保持一致） *学会正确使用餐巾纸擦嘴：双手拿餐巾纸，从嘴角两边向中间擦，对折后再擦一次，然后擦擦手，再弯腰放入垃圾桶中 *学会漱口：喝一口水，含在嘴里，漱一漱，再吐出来。重复三至四次即可

（二）小班进餐活动案例分享

案例一：创设宽松愉快的进餐氛围

幼儿期是孩子生长发育的关键期，摄取丰富的营养是保证幼儿身体健康发育的前提。让每个孩子生活有规律，定时定量进餐是每一位家长的心愿。但如今有不少家长反映孩子吃饭是个令人头疼的问题。有的家长采取各种物质奖励哄骗孩子吃饭，有的采取威吓打骂的方式，有的家长干脆追跑喂饭……使尽种种招式，孩子们吃饭的情况仍不尽如人意，吃饭倒像是成了一场灾难。怎样做才能让孩子好好吃饭呢？在日常生活中，我们尝试运用以下几种方法，为幼儿创设宽松愉快的进餐环境，逐步帮助幼儿养成良好的进餐习惯。

1.餐前诱导法。从快乐的游戏到安静的进餐，这中间幼儿需要一个心理适应过程，我们就利用餐前诱导的形式进行过渡，引导幼儿进入愉快的进餐情绪当中。

以前幼儿都是把喜欢的肉菜先吃光，然后对着青菜发呆。这一天，幼儿园的午餐是红烧鸡腿和素炒小白菜。很多小朋友都不爱吃青菜，我们猜想这些宝贝们肯定要先把鸡腿吃完，剩下青菜，所以我提前借助小白兔来帮忙了。"今天我们班来了一位小客人。"我拿起班里的毛绒小兔子，跟幼儿进行简单的交谈。我以小白兔的口吻激发幼儿的兴趣。"我是小兔壮壮，我今天给小朋友们带来了一样礼物——青菜，如果你们吃了我带来的青菜，你们就会变得和我一样可爱，一样强壮。你们盘子里的青菜就是我带来的，可香了！而且它们还会唱歌，咬起来"嘎吱嘎吱"的，可好听了！你们想不想试一试？"小朋友一听可兴奋了，都开始吃青菜了，吃得特香。还时不时地说："我变可爱了吗？""我的青菜唱歌了！"

我们利用幼儿喜欢的童话角色、儿歌，以生动的形式进行餐前诱导，为幼儿营造积极、愉快的进餐环境，效果胜于枯燥的说教。

2.情绪感染法。幼儿的情绪不稳定，但是幼儿喜欢模仿，易受大人情绪感染，因此在幼儿进餐的过程中，我们班的教师会有意识地用自身积极、愉快的情绪感染幼儿，使幼儿在宽松的精神氛围中愉快地进餐。

如平时进餐时，老师夸张地吸吸鼻子说："哇，今天的菜真香啊！瞧，王昱森小朋友和老师一样，也闻到了香味，吃得真香啊！"别的小朋友一听也开始学着我的"馋样"大口大口地吃起来。

我们还运用其他方式感染幼儿，如利用我们讲过的故事、娃娃家中进行过的一些"小熊请客""小熊猫过生日"的游戏等来激发幼儿的兴趣，以老师们愉快的情绪感染孩子们，使孩子们积极、愉快地进餐。小朋友馋馋的样子特别可爱，饭吃得也多了。

3.少盛多添法。豆豆的进餐量很小，几乎每餐饭，她都会看着碗里剩下的饭菜发愁。"老师，我吃不了了。""老师，我不想吃了。"老师好说歹说地喂上两口，孩子便不再张嘴了。常常，老师都会把剩下的饭菜倒掉。

少盛多添也是一个保证幼儿进餐量的好方法。豆豆原本饭量就不大，看着一大碗饭菜，再想着吃不下时的难受劲儿，自然就没了进餐的好心情了。于是我们给这样的孩子盛饭时，有意盛得少一些。等孩子吃完了我们及时表扬，并鼓励她再添一点菜和饭。慢慢地，孩子进餐时的情绪就没那么紧张了，进餐量也增加了。

4.鼓励强化法。对于小班的孩子来说，多多少少都有挑食的现象。为了让孩子快乐地进餐，我们坚持正面教育，耐心引导。

我班王昱森比较挑食，他特别不喜欢吃肉，连在菜盘里发现小肉末，他也会想尽一切办法给挑出来，嘴里还时不时地念叨，"我不喜欢吃。"我们向他的家长了解情况，他奶奶说他在家也是这样。爸爸说是由于家里保姆做的肉菜不好吃，孩子除了吃一些爸爸做的红烧肉以外，其他肉菜几乎不怎么吃。

了解到这些情况，我尝试着一点点地改变孩子挑食的问题。刚开始，我们满足他的要求，吃饭的时候尽量先把肉都给挑出来，然后慢慢地再给一点小肉末，并且告诉他："今天的肉末像爸爸做的红烧肉的味道，你一定能吃完的。"如果他吃完了，再慢慢地加上一点。在离园时，我们还会当着孩子的面向家长"汇报"孩子的进步，并指导家长配合教师，及时表扬和巩固孩子的"成绩"。"幼儿园的鸡肉真香呀！比爸爸做的红烧肉还香呢！"经过一学期的培养，王昱森挑食的现象有明显改善，家长也很满意。

5.参与劳动法。"衣来伸手，饭来张口。"孩子们在成人的"呵护"下，失去了参与劳动的快乐。小班的幼儿将劳动当作游戏。他们乐于帮助爸爸洗萝卜，帮助妈妈择菜叶，帮助姥姥掰菜花……

我们家园共育，采用"参与劳动法"帮助幼儿养成主动进餐的好习惯。乐乐和妈妈一起买胡萝卜、洗胡萝卜，看妈妈切胡萝卜、炒胡萝卜，帮助妈妈盛胡萝卜、端胡萝卜。最后和妈妈一起高高兴兴地吃下了许多原来不吃的胡萝卜。

案例二：生活规则游戏化

午餐后的散步是有利于幼儿身体健康的活动，但幼儿活泼好动，常发生追跑现象。我经常提醒，但收效甚微。幼儿的思维具有具体形象的特点，因而具体的模仿比抽象的要求更能引起幼儿的兴趣。于是，我试着换了一种方法，对他们说："咱们来学小乌龟走路好吗？"幼儿特别感兴趣。之后，我又引导他们模仿小蜗牛走路、小猫走路、小猴踩钢丝等动作。将散步变成游戏，在孩子们眼里，这不是在散步，而是在玩。这就将"老师让我散步，不让我跑"的被动行动转化为"我想散步"的自愿活动，既发挥了幼儿的主动性，又收到了管而不死、活而不乱的效果。

（三）中班进餐活动目标、特点及教育策略

目 标	特 点	教育策略及注意事项
*培养营养均衡、文明进餐的饮食习惯	*进餐时，情绪稳定、愉快	*创设轻松、愉快的进餐环境。多鼓励、提示，不在进餐时训斥孩子

（续）

目　标	特　点	教育策略及注意事项
*培养营养均衡、文明进餐的饮食习惯	*已经初步了解食物与人体健康的关系，在引导下能够接受各种健康的食物。绝大多数小朋友不挑食、不偏食	*通过一系列健康活动，引导幼儿了解基本的营养知识。初步了解挑食、偏食对身体的危害 *对于挑食、偏食孩子的引导，对于肥胖儿、超重儿、体弱儿的护理，对于过敏幼儿、生病幼儿的护理
	*在教师的引导和鼓励下，学会使用筷子，独立进餐 *初步了解文明进餐礼仪，在教师的引导下，逐步学习文明进餐	*教师要明确正确使用筷子的方法。要求、引导幼儿独立进餐 *进餐时，坐姿端正，安静进餐，不大声喧哗，尽量保持桌面干净，细嚼慢咽，轻拿轻放餐具，餐后自己擦桌子，分类摆放好餐具。可尝试自己添饭、盛汤等 *知道打喷嚏、咳嗽不对人，知道不把筷子插在饭碗里，不用筷子敲桌子、敲餐具等文明进餐礼仪 *通过使用筷子的游戏以及家园共育，帮助幼儿学习使用筷子
	*个别小朋友进餐过快或过慢	*进餐速度合适，不过快，也不过慢。明确速度，每餐进餐时注意尽量做到不喂食。学期初，也应先让孩子独立进餐10分钟以上，才能个别喂食 早餐：每位幼儿进餐时间15~20分钟；午餐、晚餐：每位幼儿进餐时间20~30分钟 *对于吃饭过快的幼儿：引导其细嚼慢咽，尤其是对超重或肥胖幼儿 对于吃饭过慢的幼儿：引导其快嚼快咽，以免饭菜变冷，影响健康
*培养餐后主动收拾餐具、擦嘴、漱口的好习惯	*逐渐养成餐后主动分类摆放餐具，主动擦嘴、漱口的习惯	*餐后自觉主动地收拾整理餐具，在值日生的提醒下做到轻拿轻放、分类摆放 *知道餐后擦嘴是文明进餐的礼仪，进餐时、进餐后保持干净 *知道餐后漱口是为了保护牙齿健康，做到餐后主动漱口

（四）中班进餐活动案例分享

案例一：不爱吃海带的方杉

"杨老师，方杉不喜欢吃海带。"刚接班时，方杉的姥姥就跟我这样说。我问："是过敏吗？"她姥姥说："不是。"我认为只要不是过敏，就可以慢慢地接受。所以我先做家长的工作，希望可以慢慢地培养孩子喜欢吃海带，家长同意了。于是每次吃海带，方杉都会找我说不吃，我会鼓励她说："你不喜欢吃海带吗？""不喜欢吃。""那你知道海带有很多营养吗？它可以补充铁、锌等物质，人吃了它会长高的。"她不说话了。我看出了她的为难，我说："那这样吧，咱们少吃一点，好吗？"她答应了。就这样，方杉吃了一点海带。看到方杉吃了一点海带，我很高兴，看来她还是可以吃的，只是在心理上有一些拒绝。于是我在全班小朋友面前表扬了方杉，晚离园时又在家长面前表扬了方杉，她很高兴。我相信她已经有点接受吃海带了。在以后吃海带时，她还是会要求我给她吃少点，我也会稍微给她少一点，她就很高兴地吃了。之后我会跟她说："老师相信方杉喜欢吃海带，也可以很好地吃完海带，对吗？"她点头。就这样，不喜欢吃海带的方杉最后能够吃海带了。

有时候，孩子因为家庭的一些生活习惯，会拒绝吃某样东西。不是因为他不能吃，只是心理的因素或不习惯的因素。所以首先，班级的进餐环境要轻松和愉快，在这种环境中幼儿才会放松，才会心情愉悦，才会喜欢吃各种食物。对于不爱吃某些食物的幼儿，先鼓励他吃一点，由少渐多，不增添他的心理压力，让他逐步地接受。

案例二：专心进餐、身体健康

《幼儿园教育指导纲要》健康领域中明确指出：培养幼儿健康的饮食习惯，引导幼儿了解基本的营养知识，进餐时举止文明；知道必要的安全保健常识，学习保护自己。我们认为健康的饮食习惯应从小抓起，为孩子一生的健康奠定良好的基础。为此，我尝试将日常的进餐活动与主题教育活动结合起来，促进幼儿良好进餐习惯的养成。

活动目标：

1.认识到专心进餐与人身体健康之间的关系。

2.知道吃饭时应该坐姿端正，文明进餐，尽量保持衣服、桌面、地面的干净。

活动准备：

1.经验准备：幼儿了解一些有关进餐礼仪与身体健康关系的知识。

2.物质准备：幼儿进餐挂图两幅（正确的、不正确的），小朋友与家长共同查找的有关文明进餐的资料。

活动过程：

1.出示图片，提问。

教师：小朋友们看一看图片里都有谁？（两位小哥哥）今天，老师给小朋友们请来了两位哥哥，他们的名字分别叫小明和小亮。

教师：它们在做什么？（他们在吃饭呢）

教师：那小朋友们观察一下图片里的两位小哥哥吃饭时有什么不一样？

教师：这样吃饭对我们的身体健康有没有什么影响呢？下面请小朋友们互相讨论一下，我们应该向谁学习？要怎样吃饭才能让自己的身体更加健康呢？

2.幼儿讨论，教师倾听与指导。

主要说身体健康和心情。在讨论的过程中，有些幼儿根据自己已有经验能围绕主题进行有效讨论，也有一些年龄较小的幼儿在讨论过程中有一些困难，在教师正确地引导下能够围绕主题进行讨论。有些幼儿还结合在家吃饭的情况进行了讨论。

3.幼儿总结，教师给予正确的指导。

（1）吃饭时不能说话聊天，那样的话就会像小亮哥哥一样把饭掉在桌子上和身上，就浪费粮食了，农民伯伯该生气了。

（2）吃饭时不专心，身体就没办法吸收到饭菜的营养了，那样我们就会生病吃药了。

（3）吃饭时不能狼吞虎咽，那样胃会难受的。

（4）要是吃饭的地方不卫生也会影响其他人吃饭的心情等。

（5）在家吃饭的时候也能聊天、看电视，会影响饭菜的吸收和消化。

4.教师总结。

教师：小朋友们说得都很好，那我们平时吃饭时，应该向小明学习，还是向小亮学习呢？（应该向小明哥哥学习，吃饭时身体坐正，不边吃边玩或看电视）为什么呢？（因为专心吃饭，我们的身体才能健康）

活动延伸：

1.过渡环节时请幼儿讲解进餐的文明礼仪知识。

2.进餐环节时提醒幼儿养成良好的习惯，及时表扬与鼓励。

活动反思：

进餐对每一位幼儿来说都不陌生，一日三餐不断地重复有助于帮助幼儿养成营养均衡、文明进餐的好习惯。在教师的引导下，通过观察、学习、讨论的形式，孩子们了解到进餐的正确方法以及更多的进餐礼仪知识，不仅促进了幼儿的身体健康，引导孩子专心进餐，而且使孩子了解到了文明进餐的礼仪，懂得应该做一名举止文明的孩子。

（五）大班进餐活动目标、特点及教育策略

目　标	特　点	教育策略及注意事项
*培养营养均衡、文明进餐的好习惯	*大班幼儿都能够正确使用筷子，独立进餐	*教师要引导幼儿正确使用筷子，独立进餐。纠正幼儿不正确的用筷方法
	*大班幼儿喜欢有挑战性的活动，在教师的引导下，大班幼儿愿意自己盛饭、盛汤，完成自主进餐	*给幼儿准备适合的小饭板和小汤勺，创设环境，引导幼儿自己盛饭、盛汤，提高幼儿生活自理能力。初期，幼儿掌握不好力度，会盛到外面，洒在桌子上，老师要理解、鼓励和指导，引导幼儿盛饭时将碗接在锅盆上方

（续）

目　标	特　点	教育策略及注意事项
*培养营养均衡、文明进餐的好习惯	*进餐时举止文明	*通过一系列健康活动，引导幼儿了解初步的进餐礼仪，如进餐时，坐姿端正，安静进餐，不大声喧哗，尽量保持桌面干净，细嚼慢咽，轻拿轻放餐具，餐后自己擦桌子、分类摆放好餐具。盛饭时，能够按秩序排队，有谦让、轮流的良好交往技能等
	*大班幼儿进餐速度往往会较快，这不利于幼儿养成细嚼慢咽的习惯，影响幼儿身体健康	*进餐速度合适，不过快，也不过慢 早餐：每位幼儿进餐时间15~20分钟 午餐，晚餐：每位幼儿进餐时间20~30分钟 *对于吃饭过快的幼儿：引导其细嚼慢咽，尤其是对超重或肥胖幼儿 *对于吃饭过慢的幼儿：引导其快嚼快咽，以免饭菜变冷，影响健康
	*了解基本的营养知识，知道不偏食、不挑食，知道多吃蔬菜、水果，少吃零食；不暴饮暴食	*通过一系列健康活动，引导幼儿了解基本的营养知识。了解挑食、偏食对身体健康的危害 *在幼儿自主进餐时，引导幼儿逐渐建立起"营养均衡"的健康饮食观念，不爱吃的也不能一点不吃，爱吃的也不能暴饮暴食 *关注挑食、偏食、暴饮暴食的孩子，关注肥胖儿、超重儿、体弱儿、过敏幼儿、生病幼儿；关注换牙期幼儿的进餐护理 *增强幼儿的饮食安全意识，不吃腐烂变质、过期的食品。通过家园共育帮助幼儿认识到"保质期"的概念，知道为什么不能吃腐烂变质、过期的食品
*培养餐后擦嘴、漱口的好习惯	*餐后擦嘴、漱口的好习惯	*餐后自觉主动地收拾桌面（学习用抹布擦干净桌面），整理好餐具（分类摆放、轻拿轻放） *进餐不弄到脸上，餐后主动擦嘴，保持干净 *餐后主动漱口，保持口腔健康 *为幼小衔接做准备，培养幼儿进餐过程中保持干净的文明习惯，养成随手带并使用餐巾纸，餐后漱口保持牙齿健康的习惯

（六）大班进餐活动案例分享

案例一：自助餐里的秘密

餐桌文明是社会文明的缩影，小餐桌上承载的不仅仅是人类的饮食文化，更传承了中华民族尊重劳动、珍惜粮食的传统美德。为了培养幼儿自主进餐的习惯，大班教师结合科研活动及幼儿的年龄特点开展了"自助餐"的系列活动，培养幼儿根据自己的需要适量自取食物、不浪费的好习惯。

通过自助餐培养幼儿良好的饮食习惯。自助餐作为一种西方的就餐方式传入我国大概有十几年的时间，自助餐体现出了东西方饮食文化和生活方式的差异，其中关于自助餐所体现出的人文精神，对于幼儿教育来说，有着特殊的启发作用。如果能够培养儿童在小的时候就采用自助餐的方式进餐，实际上，就是给了孩子养成自理、自律、自立能力的机会。自助餐相对于平时大家一起进餐，给了孩子更多对食物的选择和支配的权利，可以很大程度上激发其对进食的兴趣和愿望，有利于营养摄入。

梓渌小朋友是一个有点挑食的小朋友，在以往的传统就餐活动中，他经常挑食，喜欢吃肉，其他的都不爱吃，老师为引导他多吃些菜真是煞费苦心，但是梓渌的盘子里，每每还是会剩下绿油油的青菜，而这些青菜往往都逃不掉被扔掉的结果。后来我们改进了孩子的就餐方式，实行自助餐模式，每到餐饮时间，孩子们自拿自取，新鲜自主的就餐方式更是获得了孩子的喜爱。帮助幼儿认识到健康营养均衡与身体健康的关系，在引导幼儿关注营养均衡、荤素搭配的基础上，老师允许小朋友根据自己的喜好，自主决定饭量及菜量的多少。梓渌小朋友也认识到营养均衡的重要性，虽然在盛菜的过程中，还是会多盛些肉菜，少盛些素菜，但是，再也不像以前那样，一点儿青菜都不愿意吃了，自己盛到盘子里的青菜都能吃掉，挑食的情况得到改善。欣月小朋友是个漂亮纤瘦的小姑娘，她的饭量小，平时，老师分的饭菜她吃不了，每次吃到最后都看着剩下的饭菜发愁。而自从自助餐成为我国新型就餐方式后，老师允许欣月根据自己的饭量少盛一些，欣月每次都能把自己盛的饭菜吃完，有时还能主动地再去添一些饭菜。虽然她吃得还是没有其他小朋友多，但是与她自己比，饭量还是增加了不少呢！最让人高兴的是，那个看着饭菜发愁的欣月不见了，取而代之的是一个能够高高兴兴吃饭的小姑娘。熙熙小朋友是个活泼好动的男孩，平时在传统就餐时就喜欢东瞅瞅西看看，注意力不能完全放在用餐这件事上，自助就餐形式刚好顺应了他的好奇心，自助餐的形式让以前只能被动等待的他，现在可以自己取食自己吃，在主动动手时，饭菜也吃完了。

诸如以上实例，我认为自助就餐方式确实对培养幼儿饭菜搭配、荤素均衡、专心愉快进餐等健康饮食习惯起到很好的促进作用。

习惯的养成，需要教师和幼儿持之以恒的努力。总而言之，在幼儿园期间的进餐教育，逐渐形成相应的常规。小朋友们在自助餐活动中感受不同的餐饮文化，了解简单的膳食营养知识，逐渐形成健康的饮食习惯，形成正确的就餐礼仪、交往礼仪。同时，小朋友们还体验到了自主和快乐，建立了良好的自我选择意识，学会等待、谦让，养成文明用餐的行为习惯，在用餐过程中体验到了无穷的乐趣。

案例二：自助餐中的学问

1.通过自助餐培养儿童独立生活和感恩的能力。幼儿和成人站在同样的规则中，平等相处，可以了解成人社会的行为准则。这不是饮食习惯一个方面的问题，而是培养孩子独立生活、积极探索未知世界的一个启蒙点。在孩子之后的学习中，倘若像被一口一口喂饱一样精心"包办"孩子的学习，也很难让孩子有最宝贵、最重要的兴趣和积极性。而独立自主的用餐方式则使他们在摸索中形成独立的人格和办事方式，在此基础上，若辅以老师和家长的正确引导，则更有利于孩子的发展和成长。就餐只是他们今后日常生活中的一件小事，但以小见大，懂得如何搭配餐饮、自助用餐的孩子也能学会办好其他的事情。从小就培养孩子独立生活的能力是每个家长的责任，让孩子拒绝做一个"衣来伸手、饭来张口"的人，才是正确的。

"餐前感恩词"是孩子们餐前要念的，"感谢农民伯伯辛勤劳动，感谢厨房叔叔精心烹饪，感谢老师细心照顾……"，我们从小教育孩子们要珍惜粮食，感谢身边为我们服务的人。传统就餐中，每个孩子都给予同等数量的饭菜，然而有的孩子食量较小，剩下的饭菜就只能倒掉。而自助餐则让孩子们懂得"吃多少拿多少"，避免不必要的浪费，培养了孩子们珍惜粮食的良好习惯，时时对为我们服务的人怀着感恩的心。而且，孩子的不同需要得到了成人的尊重，孩子的不同能力得到了成人的信任，与此同时，孩子们也学会了尊重和信任他人。

2.为幼儿创造一个自我服务的机会。在独生子女占绝大多数的今天，很多幼儿被过度地保护起来。幼儿园教师工作十分辛苦，要取饭菜，整理桌子，给幼儿分饭、分菜，时刻关注幼儿吃了多少，是否需要添加，引导吃得慢或吃饭能力差的孩子大口吃饭，吃完饭后还要收拾干净，组织幼儿睡觉，结果是幼儿无须自我服务。实际上，幼儿在3岁左右便开始有寻求独立的需要，他们愿意自己做好自己的事，常听见孩子说"我自己来"，幼儿有自我服务的欲望。让幼儿在成人的帮助下学习如何进餐，如收放餐具，自取食物，互相鼓励不浪费粮食，不挑食等。要使幼儿养成自己的事情自己做好，不依赖成人的好习惯。教师往往重视"保"，给幼儿无微不至的照顾，忽视了"育"——教育幼儿独立、自信。过多的保护剥夺了幼儿积极主动探索的权利，导致幼儿自主性发展较差。

在大班，我们更注重为孩子们创造一个自我服务的机会。如为大班幼儿准备擦桌子的小抹布、公用盘子，在不小心倒翻汤汁时，能尝试自己擦拭，提高孩子的自我服务意识。在自助餐活动中，一方面通过环境的创设，发挥环境的隐性作用，帮助幼儿了解进餐中的相应要求，促进其自我服务、自我管理能力的发展；另一方面通过选派值日生参与服务与管理的方法，提高幼儿为他人服务的意识和与他人交往的能力。

3.为幼儿创造一个与同伴融洽交往、师幼积极互动的场所。创造一个与同伴融洽交往、师幼积极互动的场所，使幼儿在语言能力、知识经验、人际交往等方面有所发展。民主宽松、开放的教养方式中，幼儿自由选择伙伴，畅所欲言，轻声交谈，不时地同老师交流自己的想法，有利于形成融洽的班级气氛。

由此可见，教师一方面要营造一个愉快的吃饭氛围，让孩子开开心心地吃饭，并体会到吃饭的快乐，尽量不要在饭桌上斥责孩子，影响孩子就餐的情绪；另一方面，如果孩子不愿意吃或不想吃，给予适当的引导和教育，但不要勉强他必须吃下去。创设一个健康宽松的就餐环境，播放轻松的音乐，多给一些就餐时间，改变"过多强调纪律"的就餐活动，树立正确的儿童观和教育观，才能使幼儿的身心在进餐活动中都得到健康发展。

4.进餐活动中提高幼儿自主解决问题的能力。如有一次，两个人都说是自己先拿到夹子的，互不相让，振振有词，孩子们的注意力都被集中在争抢夹子的两个人身上，见此情况，我并没有急于给出评判，而是请其他小朋友们一起来讨论。孩子们都积极地响应起来，纷纷发表自己的意见：

应该谦让，应该排队。对啊，懂得谦让分享、排队有序地取餐，这样才是文明的。孩子们就这样自己把纠纷解决了，很快又投入到有趣、有序的取餐环节。

好习惯的养成，需要教师和幼儿持之以恒地努力。总而言之，在幼儿园期的进餐教育，逐渐形成相应的常规。我们希望每一个常规不是孩子的束缚，而是孩子在集体环境中形成的自觉行为，最终为其一生的成长打下良好的基础。

四、加餐活动

由于幼儿年龄小，个体差异大，身体容易疲劳，因此幼儿园常在两餐之间为幼儿准备一些食物作为加餐，帮助幼儿补充体力，满足幼儿生长、活动所需。不同的幼儿园为幼儿准备的食物也各有不同，组织加餐活动的策略也存在差异。本园上午加餐为幼儿准备了水果加餐，下午起床后为幼儿准备了奶制品及小面点，帮助幼儿补充体力。在组织形式上，小班及中班上学期，幼儿园以集体形式进行加餐，与饮水活动同步完成；中班后期至大班，尝试在区域游戏时间进行"自主加餐"，幼儿可以在游戏过程中自主决定加餐时间，自助完成加餐。

幼儿喜欢加餐活动，在游戏间歇，吃水果、喝水、喝奶、吃点小面点，孩子们很高兴。刚入园时，有的幼儿由于不适应幼儿园的饭菜，吃得不太好，上下午幼儿园提供的加餐，可以适时给予孩子补充。对于中大班的孩子，孩子们参与准备加餐的过程，自主进行加餐，使孩子们在认知、人际交往、社会适应等方面获得发展。

加餐环节总目标：补充营养，自主生活。

不同的加餐活动组织形式——集体加餐/自主加餐。

由于幼儿自主性发展的需要，幼儿园小班及中班上学期采用"集体加餐"的组织形式，即教师准备好餐点以后，组织幼儿分组如厕、洗手，集体坐在座位上，完成加餐活动。中班下学期开始至大班，幼儿园尝试采用"自主加餐"的组织形式，即教师和值日生小朋友共同准备好餐点之后，幼儿在区域游戏的过程中，在一段时间内，允许幼儿自主选择加餐时间，自取餐点，自主结伴，在指定的"生活区域"内，完成加餐活动。

中、大班水果加餐——区域游戏过程中自主加餐流程图

步　骤	图　示	说　明
1		早餐后，幼儿自选游戏区域进行游戏
2		每位幼儿入园后都会挂上自己的小毛巾，值日生通过点数毛巾数量，统计今天来园小朋友的人数，为分发水果做准备
3		清点手环。值日生按照幼儿出勤人数准备手环，每位小朋友加餐前要戴上手环作为标记，以便确定每位小朋友都吃过水果
4		值日生在保育员老师的指导下准备水果，并按来园幼儿数分好水果（大班幼儿可以在老师的指导下尝试使用水果刀切水果）

（续）

步　骤	图　示	说　明
5		值日生在保育员老师的指导下摆放自助水果分餐桌
6		保育员老师消毒好生活区桌面，值日生负责最后一遍擦拭生活区桌面，并将抹布叠放好
7		值日生负责用小水壶接水，摆放在生活区桌面上，每桌一壶
8		值日生负责摆放好吃水果用的牙签

步 骤	图 示	说 明
9		值日生提示小朋友可以开始到生活区吃水果了，也可以用音乐和提示录音进行提示　小朋友根据自己游戏的情况以及生活区加餐人数的情况，自主安排时间进行加餐
10		小朋友取占区卡，放在没有做完的游戏材料上，表示这份材料一会儿还要继续玩
11		搬椅子，进入生活区
12		到盥洗室洗手
13		取小水果盘，夹取水果

（续）

步　骤	图　示	说　明
14		大班幼儿正处于换牙期，幼儿可根据自己的需要将大块的水果切成小块，以便食用
15		幼儿在生活区吃水果
16		吃水果后，取桌上的抹布，将桌面擦干净
17		将果盘中的残渣倒入垃圾筐中
18		去水房冲洗果盘，最后甩掉果盘上的水，以免将水房的地面弄得湿滑

（续）

步　骤	图　示	说　明
19		将洗好的小果盘放到果盘架上
20		取下毛巾擦手，取小水杯，回到生活区喝水
21		回到生活区坐好，取桌面的小水壶为自己倒水
22		喝水后，将小水杯放回水杯架中
23		吃水果后戴上手环

（续）

步 骤	图 示	说 明
24		搬椅子，回到区域继续游戏。如果提前放置了占区卡，请先将"占区卡"放回
25		幼儿加餐时，值日生负责照顾小朋友加餐。水壶里的水没有了，值日生负责添水
26		加餐时间即将结束，值日生清点手环，并负责到各区提示还没有加餐的小朋友到生活区加餐（也可以用录音或音乐提示小朋友，水果时间快要结束了，请没有吃水果的小朋友及时到生活区补充营养和水分）
27		加餐结束后，值日生与保育员老师一起收拾整理，将案板、大果盘送到水房
28		清洗大果盘

（续）

步 骤	图 示	说 明
29		将大果盘放置在生活区固定的位置
30		负责将小水壶送到水房，保育员老师负责清洗
31		值日生负责将生活区的桌子擦干净
32		值日生收拾整理环境，配合老师将区域收拾整齐
33		区后讲评环节，老师可以请值日生分享生活区中的加餐情况，引导幼儿分析解决加餐活动中遇到的问题，帮助幼儿总结提升生活经验

注：以上环节允许教师根据幼儿实际情况，在把握促进幼儿自主发展目标的基础上进行调整。

（一）小班加餐活动目标、特点及教育策略

目　标	特　点	教育策略及注意事项
*喜欢吃水果，不挑食	*多数小班幼儿喜欢吃水果，个别幼儿挑食不吃某种水果；还有个别幼儿是因为在家吃水果时，家长照顾比较细，切成很小的小块，导致孩子啃咬稍硬的水果时有困难；有的家长把水果榨成果汁，孩子咀嚼能力弱，吃水果很慢	*家园共育：孩子长大了，家长为孩子准备水果时不用弄得太细，以免影响幼儿咀嚼能力的发展 *在指导水果加餐时，给孩子讲一讲水果的营养，引导幼儿吃多种水果（如果幼儿吃某种水果过敏，老师要遵照家长嘱托）
*认识各种常见的水果，感知其基本特征	*由于家长照顾得比较细，有的孩子从未见过"加工"前的水果，家长也没有教孩子认识水果。所以，有的水果孩子还真的不认识	*水果加餐环节前老师介绍水果，有意识地引导幼儿认识水果，尤其是在园第一次吃到的水果 *满足幼儿的好奇心，保护幼儿的求知欲，教师可以当着孩子们的面"加工"水果，促进幼儿认知能力的发展
*学习并逐步掌握用夹子夹水果、双手端果盘、平稳走	*小班幼儿在教师的指导和帮助下，小肌肉动作能力、平衡能力等逐渐发展，可以完成自己用夹子夹水果、端果盘平稳走回座位等自我服务	*小班幼儿采取"集中加餐"的组织形式，之前教师会将水果切好放在餐桌上，幼儿自己取用。后来我们考虑"孩子能自己做的事让他自己做"，因此，逐渐过渡到将切好的水果放在分餐桌上，引导幼儿拿自己的"小果盘"排队取水果，自己到保温筒接水或用小水壶倒水，促进幼儿自主性和自理能力的提高
*学习独立做事情，尝试自我服务，体验独立做事的快乐和满足	*小班幼儿愿意独立做事，在成人的引导和鼓励下，体会到独立做事的快乐和满足，动作发展、自理能力得到进一步提高	*入园初期，幼儿使用小夹子夹水果比较慢，而且幼儿等待时间不能太长，因此，教师可以先帮助幼儿夹水果。对于能力强的幼儿，可在添加水果时引导幼儿尝试自己使用小夹子，给幼儿提供锻炼的机会。待幼儿情绪稳定后，逐渐培养幼儿自己动手、自我服务的能力

（二）小班加餐活动案例分享

案例一：学习排队——小脚印的出现

排队是我们生活中常见的一种守秩序的社会行为，比如，我们去银行取钱、在超市买完东西后付款、挂号看病等都会遇到排队的情况，当大家都想办同一件事情的时候，有序地排队是解决这个问题的最好方法。有序地排队可以避免危险的发生，可以提高做事的效率，还可以使本来很拥挤的地方变得不拥挤，所以，要遵守社会秩序，需要我们学会等待、学会排队。同样，排队也是幼儿园一日生活中不可避免的环节，它与幼儿的常规培养以及有关活动的顺利进行，都有着密切关系。

1.小班幼儿排队会出现的一些问题。小班是幼儿常规建立的关键时期，常规的建立有助于幼儿今后的游戏和学习生活。幼儿从小班开始就学习排队，如户外活动前的准备，幼儿需要排队，我们经常带着小班幼儿一个跟着一个在操场上走。集体活动前也会组织幼儿排队，然后入座。幼儿饮水、餐前盥洗时都需要排队。可是由于小班幼儿年龄小，注意力不集中，又不善于组织自己的行动，要想让他们自己有序地排队往往是很困难的。

2.如何有效地组织小班幼儿排队。考虑到幼儿的年龄特点，我采用了标记法帮助小班幼儿学习排队。

标记，是一种用于指示、导向、提醒和传递信息的图示。小班幼儿的生活经验逐渐增加，思维的发展依赖于具体的事物与形象的支持，采用简单图形的标记更加适宜，可以帮助幼儿识记。根据这一特点，我们在配餐桌旁贴上小脚印，帮助幼儿固定和找到自己的位置。"请小朋友站小脚印"比"请小朋友们排好队"更有效。

小脚印出现后，孩子们都能自觉地遵守规则了，你争我抢的现象不见了，更多的时候懂得谦让、等待了。

排队等待是一种最为平常的生活行为，它是秩序生活和秩序社会的基本保障。有序地排队能培养幼儿一定的秩序感，它是幼儿园各项活动顺利进行的保障。良好常规的建立需要长期的坚持，在小班幼儿排队常规的培养中，我们可以采用以上方法，为游戏常规和学习常规的学习做铺垫，使幼儿在良好常规的培养中获得发展。

案例二：桌子变变变——合理布局，减少等待

到了水果环节，总是能发现很多小朋友拥挤在配餐桌前等待着取水果。在这里拥挤的包括刚刚洗完手准备取水果的幼儿，还有已经吃完一份又来添水果的幼儿。拥挤中，总会有一些能力弱的幼儿将水果掉到地上，或是长时间取不到水果。

针对上述现象，教师进行了仔细观察与分析。其一，由于班级人数较多以及个体差异，在取水果时，有小朋友不太会使用夹子而拖延时间。其二，配餐桌离水房太近，致使进出洗手的幼儿与排队取水果的幼儿之间相互碰撞。其三，能力强的幼儿动作迅速，能很快吃完再去添取，同样也使得排队幼儿拥挤不断，还会影响第一次夹水果的孩子，使他们的等待时间更长。

教师既要考虑加餐活动的有序、安全，又要考虑幼儿的个体差异，促进每一个孩子生活自理能力的提高。

1.根据班级的现有条件，因地制宜地创设安全、有序的加餐环境。在发现问题后通过改变环境来指引幼儿更好地自主服务。首先，我将似乎已经固化了的桌子摆放模式进行调整，水果配餐桌由原来的一张桌子增加到两张。这样幼儿就可以变成两队，缩短了之前长长的一队。其次，我将水果配餐桌分别摆放在教室不同的位置，减少来来回回取水果幼儿之间的相互碰撞。最后，幼儿的就餐桌也会根据当天来园幼儿的人数进行移动，这样大大方便了幼儿自主取水果，同时减少了不必要的等待，幼儿获得了更多的游戏时间。

桌子摆放方式的变化使孩子们的加餐活动变化更加安全、有序了。宽松、愉快的精神氛围，来自老师们热情的鼓励，小朋友们耐心地排队等候，都将会大大助力孩子们自理能力的发展。

2.根据幼儿的个体差异，家园共育促进幼儿自理能力的提高。生活自理能力是指孩子在日常生活中照料自己生活的自我服务性劳动的能力。简单地说就是自我服务，自己照顾自己，它是一个人应该具备的最基本的生活技能。幼儿生活自理能力的形成有助于培养幼儿的责任感、自信心以及自己处理问题的能力，对幼儿今后的生活会产生深远的影响。幼儿期是生长发育的关键期，通过幼儿的学习、参与、训练、做些力所能及的事，有利于他们动作的发展。幼儿期又是能力培养的最佳时期，良好的生活、生存能力培养将使其终身受益。因此结合幼儿的年龄特点，我们必须明确：家园共育，减少

包办代替，将锻炼的机会还给孩子们。

在加餐活动中，我们引导小班幼儿学会自己夹水果、端水果等简单的生活技能。然而刚开始时孩子做不好，夹水果会很慢，弄不好还会掉在地上；排队时会碰撞到别人……没关系，老师们想各种办法，让孩子们成功地独立完成，比如，把水果切得小一点儿，配备适合小班幼儿使用的水果夹子，示范使用夹水果的方法。个别小朋友做得慢时，老师安慰他不要着急；个别小朋友做不好时，老师鼓励他不要害怕，再来一次，等等。家园共育，促进幼儿生活自理能力的提高。自理能力强的孩子，其自信心也会更强。

案例三：水果变变变——减少浪费

快乐的水果时间开始了，小朋友们都很高兴。大家洗手出来后，在排队等着拿水果。博雅一只手端着盘子，一只手拿着夹子准备取水果，她站在那儿不动，夹子也不知道从什么地方下手，后面的小朋友开始着急了，喊了起来："博雅你快点呀！"博雅听着后面的小朋友一直在催促她，拿着夹子夹的时候，发现水果块大，夹子的口小，水果进不去，结果水果"啪"的一声掉在了地上。博雅看着地上的水果，用求救的眼神看着我说："老师，我的水果掉地上了。"看着地上的水果，我回答："水果掉地上怎么办呢？"博雅想了一下，捡起地上的水果扔到了垃圾桶里。

针对上述现象，我进行了仔细观察与分析，发现教师在切水果时往往是按人数切分，一人一块，没有考虑到水果的大小和幼儿使用夹子的熟练程度，幼儿在夹水果时会有困难，导致水果掉在地上。另外由于个体差异，有的孩子水果吃不完就扔掉了，造成水果浪费。

老师考虑通过改变水果的大小和数量来解决上述问题，提高幼儿自主生活的能力。首先，我们将原来的大水果块进行调整，把水果切小，这样幼儿就可以很容易把水果夹起来，也不容易掉在地上。其次，我们调整了水果块的数量。把当天取回来的水果，按当天幼儿数的两倍或三倍进行加工。由于水果块小了，老师就要求每位小朋友夹两小块或三小块，既练习使用小夹子，又整合了数与量对应的数学教育目标。最后，为了照顾幼儿的个体差异，我们在加工水果块的时候，会在幼儿人数的基础上再多出一些，如果幼儿喜欢吃，鼓励幼儿再次去添加，满足了个体差异。但老师也要控制水果量，避免影响幼儿午餐，也要避免水果的浪费。

（三）中班加餐活动目标、特点及教育策略

	目 标	特 点	教育策略及注意事项
中班上学期	*喜欢吃水果，了解常见水果的营养价值	*中班幼儿喜欢吃水果，孩子们大多数认识幼儿园常吃的水果，对于水果的营养知识也略知一二	*中班初期，幼儿的自主性和自理能力还处于小班末期水平。教师在组织加餐环节时要注意中小衔接。继续采用"集体加餐"的组织形式，着力在提高幼儿做事速度及培养幼儿做事有序性、遵守规则方面下功夫
	*能够自我服务，自己夹水果、清理果盘、洗果盘	*中班大多数幼儿可以完成加餐环节中的自我服务，而且做事速度明显加快，水果加餐所需时间明显缩短	*在提高幼儿自我服务能力的基础上，引导幼儿通过"参与值日生"工作，提高规则意识及愿意为集体服务的归属感、责任感。整合社会领域能力的发展
	*在教师的提醒下遵守水果加餐的规则，如排队等待夹水果，吃完水果后能够喝白开水或漱口	*在教师的引导下，大多数小朋友可以遵守规则，有序做事 *在教师的引导教育下，大多数小朋友都知道先吃水果、后喝水有利于牙齿健康	*水果加餐前，可以请值日生介绍水果的名称及营养价值，促进幼儿语言表达能力及健康认知的发展
中班下学期	*在教师的提醒下，可以逐步自主安排时间进行加餐	*中班下学期，幼儿自主活动的需要提高，但是时间管理能力（做事的计划性）等方面还欠缺。比如，对于什么时间做什么事情还不太清楚；平时比较依赖成人提醒，自己不主动记事。对于时间没有概念，边做事边磨蹭，等老师催促才着急；玩起来就忘了自己要做的事情	*中班下学期开始，要求教师采用"自主加餐"的形式组织加餐，满足幼儿自主活动的需要，促进幼儿自主性的发展。 *做好中大衔接工作，使幼儿更好地适应大班的生活 *创设"生活区"，采用步骤图、提示音等方法，帮助幼儿了解区域游戏过程中自主进行加餐的规则 *与幼儿共同讨论，采用"暂停游戏牌"解决"自主加餐"中遇到的问题

（续）

	目　标	特　点	教育策略及注意事项
中班下学期	*逐步具有服务他人的意识，在教师的指导下，值日生可以完成服务任务	*中班幼儿愿意为小朋友服务，但坚持性较差，往往不能坚持服务	

（四）中班加餐活动案例分享

案例一：神奇的小手环

学期初，刚开始实行"自主加餐"形式时，有的小朋友在区域游戏中经常玩起来就忘记了吃水果的事。驳泽小朋友几乎每天都是经过老师和同伴的提醒才去吃水果，有的时候，稍微有一点放松，他就不去吃了，继续玩。有时都要收区了，老师一遍遍地提醒，甚至要拉着他的小手去生活区，他才肯去吃水果。区评活动他都不能按时参加。还的小朋友不喜欢吃水果，比如泽语小朋友，她不爱吃水果，经常需要老师盯着才能吃水果，有的时候老师没有关注到，她可能就不吃水果了。有一次吃梨，她在美工区画画，值日生提醒她去吃水果，她说："等会儿我就去。"老师提醒她吃水果，她说："我一会儿就去。"结果一上午过去了，也没看见她去吃水果，后来在区评中询问谁没有吃水果，她也不说话，还是她的好朋友说她没有去吃水果。

为了提高孩子们自主生活的能力，让孩子们能主动去吃水果，通过班会讨论，我们在帮助孩子了解加餐对于小朋友身体健康作用的基础上，开展了"神奇的小手环"活动。要求每位小朋友加餐后，都戴上小手环。值日生按当天出勤的幼儿数准备好相应数量的小手环，如果加餐时间后，小筐中还剩下小手环，就说明还有小朋友没有吃加餐。每位小朋友加餐后都戴上小手环，加强孩子们的"任务意识"。区评活动中，老师的表扬和鼓励更加增强了幼儿自己照顾自己的自主性。

在这个活动中，孩子们从开始的好奇慢慢到自然而然地形成良好的生活习惯。自从有了小手环的活动，大家都争着抢着主动做值日，因为值日生可以和小手环有一个互动，每天值日生都会去点数小手环，在点数的过程中，孩子们对数的量和概念有了一定的认知。

神奇的小手环给予了孩子们一股神奇的力量，让孩子们在日常生活中能很自主地去做事情。值日生在为小朋友服务时，都是很主动地为别人服务，在做值日时，也有一些语言交流和分工，比如，吃水果前的准备，一个人负责擦桌子，另一个人就负责接水、提醒小朋友吃水果等。值日生在这个活动中，有语言上自然的交流，有协商，有合作。当值日生去提醒小朋友吃水果时，有一些简单的礼貌用语，有一些社会交往目标整合其中，为孩子们用自己的方式去交往提供了条件。

神奇的小手环给予孩子们自主学习的环境，给予了教师很大的帮助，自从有了小手环，教师再也不用去盯着哪个小朋友去吃水果了，自从有了小手环，孩子们也变得更加自主。

生活即教育，充分发挥小手环的作用，让孩子们自主选择、自主做事。一日生活当中有太多的发展点，经过长时间的经验积累，都运用到实际生活当中，从而让孩子们在自主做事情的同时养成良好的生活习惯。

案例二：我和朋友

"咱们一起去吃水果吧！"彦声对诗茗说。诗茗看看彦声，笑着回答："好啊！"就这样两个好朋友相约一起来到自主水果桌前。小值日生热情地招呼他俩放好椅子。两人边轻声聊天边洗手，互相还提醒着别忘记用香皂。一像面条搓搓搓、二像……一起说着儿歌洗完手、拿取水果，吃过后又一起回到刚刚游戏的区域，拿了游戏材料一起开心地玩起来了。

孩子们在班集体这个大家庭中，自主选择吃水果的时间，自主结伴和自己的好朋友一起吃水果。加餐环节既为孩子提供了健康营养所需，又为孩子建立良好的社交关系提供了环境和条件。

在《指南》的精神引领下，结合中班幼儿的年龄特点，教师积极创设更多的机会，让每个孩子都能在自主的氛围中愉悦地和自己的好朋友一起吃水果。教师一面引导幼儿观察，一面提出问题，帮助幼儿体验与小朋友共同生活的快乐，积累自主生活的经验。

案例三：暂停牌游戏

活动区是中班幼儿主要活动与游戏的场所。区域活动的自由选择、自发探索、自主活动深受幼儿的喜欢。在活动中，幼儿通过持续不断地实践与环境相互作用，培养自我选择、自我发展的能力。

1.案例分享。

争抢玩具

没人将玩具收回原位

故事一：玩具的烦恼

区域游戏时间到了，小朋友们都开心地进入各自喜爱的游戏区域。10分钟后，蒙蒙和天天想去厕所。于是他们把磁铁玩具放到桌子上去如厕。这时，琪琪从搭建区出来，看到磁铁玩具在桌子上没人玩就玩了起来。蒙蒙和天天如厕回来后，看到琪琪在玩他们的磁铁玩具，蒙蒙对琪琪说："琪琪，这个玩具我们先玩的！"琪琪看了看蒙蒙，停了一会儿说："不行，我的高楼马上就要拼好了。"天天说："可是，是我们先玩的，你把磁铁玩具都拿走拼，我们都没有了。"琪琪停下搭建，看着蒙蒙说："我来时这里没有人，玩具又没写你们的名字，谁叫你们走开的。"蒙蒙伸出手抓住琪琪的磁铁房子说："不对，磁铁是我们先玩的。我们只是上厕所去了。是我们先玩的，你拿来！"琪琪紧抓着磁铁房子不放，大声说："不行，你走开，是我先玩的。你走了，这个玩具就是我可以玩。"争抢中磁铁房子散架了。琪琪见状，将磁铁玩具推到地上，大哭着说："我的房子，都怪你们！"天天说："我们去找老师，让老师来说他！"天天将事情告知李老师。

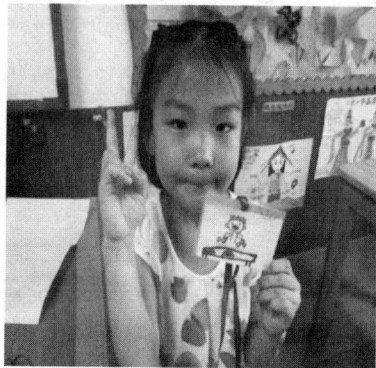

故事二：我来帮助你

天天告知李老师事情缘由后，李老师说："天天，你们都没有做错，想想这个问题怎样解决呢？"天天想了想说："李老师，我不知道。"李老师对蒙蒙和天天说："你们同意让大家来帮助你们想办法吗？"他们表示赞同。区评中，李老师将争抢玩具的事情告诉了大家。并提问："大家来看看小伙伴的困难和问题在哪儿？"大家开始争先恐后地讨论起来。轩轩说："天天和琪琪去厕所没告诉蒙蒙，蒙蒙不知道。"西西说："可是天天他们也不知道蒙蒙去玩，没办法告诉。"李老师说："小朋友们说得很对，玩具的主人先是蒙蒙他们，蒙蒙上厕所，可是他们的游戏还没有结束。但后来琪琪见玩具没人玩又玩起新的游戏。两个伙伴的游戏都在进行。问题是中间没有传话的人，这个问题怎样解决，可以想出什么办法？"彤彤说："可以让老师看着，告诉下一个玩的小朋友。"乖乖说："老师也有事，走开了怎样办？"小宇说："那就大声告诉大家，我去干什么，不要动玩具。"小妹说："不行，那我们都没法看书，太吵了。"子奇说："可以做个提示牌，就像我和妈妈去庆丰吃包子，拿着牌子等，几号去拿，别人就知道这是别人的。"乖乖说："那可以在提示牌上画上厕所的图画，放到玩具旁，后面的小朋友看到就知道它是有主人的。"小朋友纷纷表示赞同。老师说："很不错，感谢想办法的小朋友们，大家给这个游戏起个名字吧。"小宇说："叫玩具停止。"子奇说："不好，停止都不动了。叫游戏暂停，还要玩呢。"那我们商量一下，怎么制作这个"游戏暂停牌"。

故事三：游戏暂停牌

第二天的区域游戏时间，美工区小朋友做了些游戏暂停的提示牌来为需要的小伙伴使用。小伙伴们有的玩玩具、喝水、如厕、吃水果，有序地进行游戏。从音乐表演区——春天舞蹈厅结束表演的小美出来，走到水车旁，看到吃水果的暂停牌。她到旁边玩起了其他的玩具。可是5分钟过去了，暂停牌还在。小美走到水果吧，询问小朋友："水车是谁的玩具？"元元说："是我的。我还没吃完水果。"小美说："你真慢，总暂停着玩具，我想玩都玩不上了。都快没时间了。"元元说："可是我还想玩呀！"区域游戏结束时，小美将不开心的事情告诉了李老师。李老师请大家想办法，李老师说："游戏暂停牌中，元元吃水果慢，他又想玩，但时间没法把握。小美想玩玩不上，怎么办？"子奇说："可以在暂停牌上规定时间，时间到没回来。老师就收回玩具。"蒙蒙说："我们不会写字啊？可以点点，一个点是一分钟。"小美说："要是时间到没回来怎么办？"轩轩说："可以找一个值日生来提示这个小朋友，不听就可以让他收回，规则制订好了。"

2.观察分析。

（1）关注学习过程，把握介入指导的最佳时机。幼儿在自然、舒适的区域游戏中，教师要着眼于幼儿主动学习能力的培养，充分信任幼儿，为幼儿主动学习创造所需的环境和条件。只有当幼儿确实因自身经验与能力难以继续进行探索活动并且寻求帮助时，才给予一定的支持和帮助。但是，无原则的支持只会助长其被动依赖心理，压抑其独立自主能力的发展。教师在区域游戏中，关注了解幼儿的学习过程，了解幼儿面临的各种困难，善于区分出其中哪些困难该由幼儿自己独立解决，哪些困难需要得到教师的帮助，从而及时把握介入的最佳时机，有针对性地给予一个心理与能力的支点，使其能依托这一支点顺利地解决困难，沿既定方向继续探索前行。

（2）掌握观察方法，针对特点确定相应的指导策略。在区域中让幼儿自主发展，在游戏中学习主动地解决问题。教师要增强观察幼儿的基本功，在观察时要注意做到静心、细心与耐心。静心是尽量不打搅幼儿自然的行为过程，与之保持一定的距离；细心是注意捕捉幼儿行为表现中有意义的信息和其发生的时间、背景等，根据需要作一定的记录；耐心，是不要怕多花费时间，观察有时需要经过一定的时间才能获得一些有价值的资料。例如在《玩具的烦恼》故事中，幼儿间出现矛盾与问题时，也是观察、分析的最佳时机。教师应在"三心"中去观察幼儿在事件中自主处理问题的方法。在幼儿寻求帮助时，帮助幼儿梳理事情的过程，找出问题的根源，将问题抛给孩子们，共同想办法解决，从而使幼儿在合作、解决问题中获得成功感与自信心。

"小朋友使用暂停牌，有计划地做更多照顾自己的事情。"

3.因势利导，促进幼儿自主意识与能力的发展。区域活动的目的不仅仅是让幼儿参与自己感兴趣的活动，在活动中增长知识，发展能力，更重要的是要让幼儿经过这一历程，促成其自主意识与能力的发展。因此，在指导中，教师要对幼儿任何自主活动的愿望与努力都给予充分、积极的支持（包括环境创设及材料的准备）。例如，在区域活动中，幼儿提出问题：除了桌面玩具，三大区域中的游戏区，如春天表演厅、"跳蚤市场""美丽的花房"等区，没有场地放置暂停牌，经过讨论后，诞生了"会飞的暂停牌""暂停一对一"等。这一示例说明，幼儿在自主活动的过程中，不仅自主意识与解决问题的能力得到发展，而且还将游戏规则细化，在不断的游戏中完善游戏的不足，提高了为集体服务的意识。

4.关注但不介入，提供幼儿相互交流学习的空间。在区域活动中，幼儿不仅与教师和环境产生互动关系，而且幼儿间也发生着各种互动交流，有益于幼儿的自我成长。例如在"游戏暂停"活动诞生后，主题区域游戏下三大区域间的联动有了进一步的合作、互动，幼儿社会交往能力有了进一步提高，幼儿间

共同解决问题的需求与能力有了提高。例如，游戏暂停牌的使用中，幼儿开始商量游戏暂停的时间，幼儿之间出现提示、关爱等语言表达。

5.有机整合，实现教学与发展的最佳效益。游戏暂停牌就像一个联动区域的纽带，可循环又随时可能根据需要而变化。例如，在主题活动"妈妈，我爱您"中，"点心组"的幼儿看到"爱妈妈小屋"的妈妈在做饭，她们使用游戏暂停牌暂停"工作"，请采购员到角色区沟通，选定物品后开始制作，并将做好的点心送到"爱妈妈小屋"请大家品尝；"爱妈妈小屋"幼儿可使用暂停牌，根据需要向"表演组"预定相应的节目，并前去观看。这就促使三个本来不相干的区域产生了积极、有效的互动，既培养了孩子的交往能力，又促进了幼儿情感的发展。由此，在区域活动、集体活动、家庭等之间形成一种良好的动态关系，促使区域内容在动态变化中不断丰富与深入。

总之，区域游戏的深入需要教师不断的反思、实践、与幼儿共同探讨，寻找适合幼儿发展的游戏方法，帮助幼儿梳理生活经验，促进幼儿在区域游戏中进一步游戏、思考，进而得到全面发展。

案例四：魔法提示音

区域活动是幼儿自我学习、自我探索、自我发现、自我完善的活动。区

域活动以幼儿为中心，以幼儿自主性活动为主要方式，有相对宽松的活动氛围，灵活多样的活动形式，所以在区域活动中，幼儿可以自己安排时间去做自己的事情，这样很好地培养了幼儿的自主性，同时也能够激发幼儿合理安排时间的能力。

案例："进区时间到了，小朋友们可以进区了，别忘记中途吃水果呦。"电脑里传来了一阵清脆好听的声音，听到声音后，只见孩子们自如地走到自己事先预约好的区域中进行游戏。这时，林晨萱小朋友搬着小椅子走到水果旁边准备吃水果，旁边的李昊洋问："这么快就吃水果呀？"林晨萱说："对呀，早早吃完就可以放心地玩游戏了，要不有的时候总是忘记了。"李昊洋说："反正电脑每次中途和最后都有提示音，根本不用担心啊，我去玩了啊，你吃吧。"说着李昊洋飞一般地跑去玩了。

过了一会儿，电脑里又传出了声音："小朋友们，我们的游戏时间过去一半了，请大家在游戏的时候，别忘记去吃水果呦。"紧接着一部分小朋友不紧不慢地和自己的好朋友搬着小椅子去吃水果了。一边吃一边聊，甚是开心。

最后电脑又开口了："水果时间马上就要结束了，请小朋友们抓紧时间吃水果啦。"这时只见几个男孩子迅速互相提醒："快点，快点，马上结束了。"大家一起赶紧吃了起来。吃完后，正好收区的音乐响起来了。

分析：

1.孩子们有自己的意愿，有的喜欢早早地去吃水果，这样也不会在玩游戏时总是想着要吃水果的事情；有的孩子觉得中途吃比较好，因为正好玩了一会儿后累了、渴了，去吃水果；而有的小朋友则认为，先玩，等到了最后关头再去吃，正好也玩得差不多了，所以孩子们在吃水果的环节中学会了思考，也给了孩子们充分的自由选择权利，让孩子们在这个过程中更加自由自主地完成自己的事情，并且经过一段时间后能够很好地完成。

2.中班的孩子不像大班孩子可以合理地安排时间，但又高于小班，能够尝试在提示下合理安排时间和事情，所以在这个过程中，孩子们都在慢慢地、主动地发展。

3.在自由吃水果的过程中，有同伴间的相互提醒、帮助，有电脑的提示，孩子们很快在自由吃水果、进区的过程中增强了交往能力。

成果：

1.学会了在有提示的情况下较为合理地安排自己的时间和事情。在时间安排上，一方面，要将完成新活动的自主权给孩子们，让他们自己决定做事的时间，只要他们完成即可，教师不做硬性规定。另一方面，除每天安排的集体区域时间外，其余只要是非集体活动、游戏、课间、饭后，幼儿都可以自由进出各区域，玩新活动或继续未完成的探索。开放的区域活动时间和空间既使教育目标在活动中实现，又满足小中班幼儿探索的愿望和独立的需要。重视幼儿的自主性，特别要强调调动激发幼儿学习的积极性、主动性、创造性。教师要更新观念，对自己的工作不断反思、改进，深入到幼儿中去，成为他们的亲密伙伴，了解和发现他们的兴趣爱好，有的放矢。

2.学会了相互合作、提醒、帮助。在大家忘记吃水果时，同伴之间都能够相互帮助，提醒对方。在互相提醒的过程中，孩子们收获了友谊，收获了语言表达能力，让孩子们交到了更多的好朋友。

3.社会交往能力有了显著的提高，孩子们区域活动中的相互提醒、相互交流让孩子们之间有了很好的交往。

4.有了初步的计划能力。

（五）大班加餐活动目标、特点及教育策略

目　标	特　点	教育策略及注意事项
*学会自主安排时间，提高活动的自主性和计划性	*大班幼儿的时间观念、自主意识大大提高，通过中班时接受的培养，做事的有序性及速度也大有进步	*注意中大衔接，升班初期，先延续中班下学期"自主加餐"的形式，常规稳定后，尝试指导值日生参与"切水果""餐后的收拾整理"等全部准备和服务工作，促进幼儿责任感的提升
*具有任务和责任意识，值日生能够完成自己的服务工作	*大班幼儿更愿意尝试挑战一些有难度的事情，尝试使用小刀切水果就是大班幼儿十分感兴趣的事情之一 *大班幼儿自主交往的需求更大，在区域游戏时间，约上自己的小伙伴一起吃水果、聊天，是大班幼儿十分喜欢的事情之一	*坚持"问题式"生活活动的意识，发现问题，引导幼儿自主解决。如小朋友换牙了，啃不动水果怎么办？（可以切成小块）教师作为引导者、支持者、帮助者，在保证幼儿安全的前提下，鼓励幼儿尝试解决问题，共同制订"新"的规则，如使用小刀的方法和注意事项等

（六）大班加餐活动案例分享

案例一：大班生活活动——自主加餐

1.需要的工具。与孩子们讨论吃水果需要的工具，他们首先想到像大盘子、小盘子、夹子等常规工具。大班的孩子逐渐开始换牙了，处于换牙期时，吃硬一点儿的水果很费劲，于是，经过讨论，我们提供了水果板和刀具，让孩子根据自己的需要切水果。开始我们心惊胆战，生怕孩子们切到手。经过观察发现，孩子们有自我保护的意识，他们很小心，慢慢地从生疏到熟练，到最后已经非常胜任切水果的任务了。在吃水果时，很多小朋友想添水果，但又怕别人不够分，这时值日生就把多出的水果单放到一个盘子中，孩子们可以自主地去添水果。每个班可能都有需要经常提醒的孩子，有时值日生不能够很好地了解谁没吃水果，大家讨论用小手环作为标志。每个小朋友吃水果前先戴手环，代表自己吃水果了。值日生根据手环的数量就知道还有几个小朋友没有吃水果，能很好地起到提醒的作用。

2.忘记吃水果。区域活动时间到了，孩子们都在专注地进行区域游戏，有的孩子在游戏时间和同伴到生活区把水果吃完了，继续玩。收区的音乐响了，大家开始收区。宋佳熙、王子樾等几个小朋友马上放下手里的材料，意识到自己的水果还没有吃，赶快搬着椅子来到生活区，小朋友和老师都在进行区评了，他们还在吃水果，我问他们："你们怎么现在才来吃水果呢？"他们说："我们忘了。"这种情况已经有一段时间了。班里部分幼儿对于时间管理把控得很好，能够合理安排自己区域活动的时间，但也有一部分幼儿因为游戏而忘记吃水果，那怎样才能够培养孩子们合理地管理自己的时间，做时间的小主人呢？我们和孩子展开了讨论。有的孩子说可以看着点钟表上的时间，有的说值日生可以定时提醒，有的说可以放吃水果的音乐提醒，有的说可以同伴提醒，也有的说到了收区时间就不能吃了。孩子们和老师积极地想办法。最后大家都同意这些策略：首先我们增加了水果提示音乐，在值日生准备好水果后、水果时间还有十分钟时进行音乐提示；值日生进行提醒；请小朋友自己学习看钟表，合理安排时间。

3.孩子的变化。

（1）职责要明确，方式要灵活。在值日生工作的过程中，教师要根据幼儿的能力及班级工作内容的需要，灵活把握、调整值日生的职责、分工、人数配置和活动方式。不可硬性规定必须达到某项责任要求等，以免给孩子造成心理压力，对值日生工作产生恐惧和反感。

如我们班曹易可小朋友十分内向，一天内不主动说一句话。在值日生工作上就不能强求他，我会通过与他聊天的方式，问他是否愿意做值日生为大家服务，想做哪种工作。通过对这个孩子的问题进行思考，教师发现孩子们自己选择值日生工作对于其社会性发展是十分有好处的。孩子们在选择做值日生时进行沟通交流，如有"撞车"，就协商解决。

（2）工作有重点，引导有策略。值日生工作是一个漫长的体验式生活教育过程，每个阶段有不同的教育重点和引导策略。

大班幼儿的值日生工作有了一个大的飞跃和爆发，根据幼小衔接的需要，值日生慢慢变成了小班长的职责。大班下学期，每个孩子都有了当小班长的经历和经验。引入竞争机制的班组长活动有了更多社会化教育元素，孩子们的内心经历了一个较为复杂的成长过程，此时成人适时地评价和帮助能使他们对自身及周围环境产生积极的情感、态度和行为。

如我们班赵和乐小朋友是一个十分开朗的女孩子，但有时候总是认识不到自己的不足，做事情时总是以自己为中心，强硬要求小朋友必须听他的要求等。通过小班长的活动，在她介绍自己的时候，会说到自身存在的问题，或者小朋友给他提出的建议与意见。经过几次，她现在知道与他人协商，听取别人的意见了。

4.孩子在进步，劳动最光荣。

（1）独立、自信了。刘××是家里的小公主，爸爸妈妈过于细致地照顾造成了她不爱动手、依赖成人的表现。早晨入园必须由妈妈送进班，所有的事情都是妈妈代劳。晚上要第一个来接。进入大班有了值日生活动，当她被轮值日生时，特别兴奋，每天早晨要求妈妈把她第一个送进班，工作努力认真，得到了小朋友的认可和教师的夸奖。老师和小朋友都希望她早上进班前自己的事情自己做，在大家的鼓励下，她真的长大了，不再过分依赖父母了。

（2）有责任心了。张××小朋友对值日生工作一直是被动接受，做什么事都需要老师反复提醒和帮助才能完成，对他来说，帮小朋友做事耽误他玩的时间了。进入大班，他开始有了当小班长的强烈愿望。终于能当小班长了，他每天早早进班，不仅认真迅速地完成自己的分内事，还主动帮助其他值日生做事，在家也爱操心了，经常提醒家人关灯、带钥匙等。看着他一天天变得懂事、有责任感，家长和老师欣喜不已。

（3）有了自律的要求。郑××是一个活泼好动的孩子，他在当小班长时说："当我提醒小朋友们不说话时，他们都不听我的，我才知道当小组长真的很不容易。为了让小朋友听我的话，首先我要管好自己，只有我听小组长的话，等我当小组长管别人时，他们才听我的话。"当小组长的体验使他产生了自律的意识。

（4）感受到劳动的辛苦。符××小朋友在当小班长时说："我发现小班长扫地很辛苦，每天弯着腰一点点扫太累了，腰酸酸的，都直不起来，我以后吃饭一定要干净，不要让老师、小班长太辛苦了。"他是这么说，也是这么做的。

（5）管理能力提高了。苏×小朋友在当小班长负责如厕工作时，自己的声音大、动作多，可小朋友都不听他的，有时还故意捣乱，急得他不停地向老师告状、求助。在与小朋友和老师的交流中说出自己的困惑后，第二次当小班长时，他的管理方法有了改变，不再大声提醒小朋友，而是用一个形象的手势提醒小朋友安静、有序地如厕、洗手，遇到问题也能自己想办法解决，成了老师能干的小帮手。

经过一段时间与幼儿的磨合，我们与孩子一起制订出水果时间的合理顺序：搬小椅子、戴上手环、洗手、夹水果、吃水果、洗盘子、喝水。

在自主化培养的同时，孩子们不但得到了物质层面的满足，而且在精神层面上得到了满足。自主化的生活不但让孩子感受到自己是班级的小主人，而且在一日生活中感受到了更多的快乐。教师应以民主的态度对待幼儿，善于疏导而不是压制，允许幼儿表达自己的想法和建议，而不以权威去命令幼儿。这样孩子会在非常宽松愉悦的氛围中进行自主生活。教师的角色也会从原先单纯的传授者变为观察者、倾听者、支持者，教学策略不再是主要的手段，更多的是适时介入。看似一个小小的吃水果环节，却发展了孩子们的主动性、服务性、自主性、自律性、计划性，让他们学会安排自己的事情，为将来的学习做事培养了好习惯。

案例二：我的活动我做主

1.大班幼儿的年龄特点。大班幼儿以大脑额叶逐渐发展和神经纤维髓鞘化接近完成为标志，5~6岁幼儿的神经系统比5岁前的幼儿成熟许多。与此相对应，幼儿的自我控制能力明显提高。这既表现在他们对动作准确性的控制上，又表现在对他们自己行为的控制上，如规则意识、坚持性的增强等。

随着年龄的增长和心理各个方面的发展，大班幼儿不再满足于追随、服从老师，而是有了自己的想法和主见，他们活动的自主性、主动性水平明显提高。同小班、中班幼儿在行动过程中进行思考的特点相比，大班幼儿已有可能在行动之前对自己要做的事情有一个大致的想法，他们的行为少了些盲目性，多了些目的性和计划性。但是，这种目的性、计划性不是自然发生的，它有赖于教师的引导。

2. 共同创设自主的环境。孩子们升入大班以后，为了发展幼儿的自主性，在许多环节，教师都锻炼孩子自己制订规则、自己创设环境。如在吃水果环节，我们让孩子自主地创设环境。

（1）物品的准备。孩子们积极参与到讨论中，他们想到首先要准备一些吃水果的工具，比如像大盘子、小盘子、夹子，都是一些常规的工具。在讨论中，韩锦瑜说："我们家吃水果，都是妈妈切成小块，用牙签扎着吃，我们能不能也用牙签吃？"徐梦琪说："我们使用叉子吃。"小朋友都附和着："对，我们不想用手抓着吃。"于是，通过孩子们的讨论，我们商定在水果环节增添刀、水果板、叉子、牙签等工具。

（2）吃水果流程。经过孩子们的讨论，我们准备好了物品。接下来，我们一起讨论吃水果的流程时，孩子们纷纷发表意见，既然要在活动区中自主地吃水果，有些孩子认为不想玩了再去吃，有些孩子认为不想玩了的时候该收活动区了怎么办？后来经过实验，得出一致答案，可以先玩一会儿再去吃，我们设置了一个音乐，只要是听到音乐，就代表吃水果环节即将结束，没有吃水果的小朋友必须放下手中的活动去吃水果，否则就会赶不上吃水果了。

时间制定好以后，我们开始讨论吃水果的步骤：搬小椅子、戴上手环、洗手、夹水果、吃水果、洗盘子、喝水。

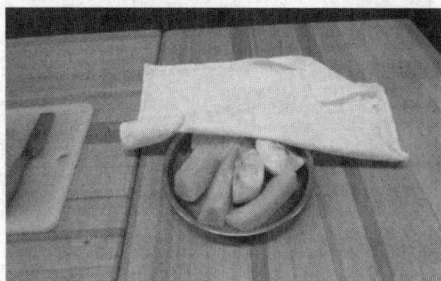

（3）解决问题。

①大班的孩子逐渐开始换牙了，当孩子们处于换牙期时，他们吃硬一点儿的水果很费劲，经过讨论，我们提供了水果板和刀具，让孩子根据自己的需要切水果。开始的时候，老师心惊胆战，生怕孩子们切到手，经过观察发现，孩子们有自我保护的意识，他们很小心，慢慢地从生疏到熟练，到最后自己切水果这项技能已经非常胜任了。

②在吃水果时，很多小朋友想添水果，但又怕别人不够分，这时值日生就把多出的水果单独放到一个盘子中，孩子们可以自主地去添水果。

③每个班可能都有需要经常被提醒的孩子，有时值日生不能够很好地了解谁吃水果了、谁没吃，我们大家讨论用一个东西做标志，小朋友提出小手环挺好的，于是我们添置了手环，每个小朋友吃水果前先戴手环，代表自己吃水果了。值日生根据手环的数量就知道还有几个小朋友没有吃水果，能很好地起到提醒的作用。

五、饮水活动

饮水与幼儿的身体健康息息相关，很多家长都十分重视孩子的饮水量是否充分。尤其是小班幼儿，孩子自主性差，喝水比较被动，还需要教师照顾。中班幼儿有了一定的自主性，但是随渴随喝的习惯还没有养成，还需要教师提醒。大班幼儿自主性增强，在教师的引导下，可以逐渐养成随渴随喝的好习惯。

幼儿园的饮水活动主要分为两种形式，一种是定时定量的饮水活动，即在教师的组织和要求下，孩子们集体完成的饮水活动；另一种是随渴随喝的饮水活动，即在自由活动时间，孩子们自主完成的饮水活动。

　　饮水活动总目标：1.养成喝白开水的习惯，不喝饮料、冷饮；

　　　　　　　　　　2.能够养成主动饮水、随渴随喝的饮水习惯。

（一）小班饮水活动目标、特点及教育策略

目　标	特　点	教育策略及注意事项
*培养经常饮水的好习惯	*目前家长们的健康意识较强，很少有小朋友喝冷饮和饮料，多数幼儿养成了经常喝白开水的好习惯	*关注幼儿饮水量，上下午各两次定时定量饮水，应根据个体差异，保证幼儿的饮水量，但不勉强幼儿一次喝过多的水
*培养幼儿随渴随喝的好习惯	*小班的幼儿喝水大多比较被动，不主动要求喝水	*采用游戏化的语言，鼓励幼儿经常喝白开水。如小汽车加油，大象喝水，听听喝水时咕嘟咕嘟的声音等 *刚入园时，要求幼儿带保温小水壶，户外活动时可以背到户外，引导幼儿随渴随喝，补充饮水量。夏季户外活动时，我们也带小水壶到户外，随时补充水量
*认识自己的水杯，学习接水、倒水、端水杯走，尽量不洒水	*在老师的引导和照顾下，逐渐学会自己操作保温筒的水龙头接水，用小水壶倒水。会端着盛有水的水杯走路，尽量不洒水	*引导幼儿学习认识自己的标志，按水杯架上的标志取放自己的水杯，能够在老师的引导下有序排队接水或倒水喝。不在喝水时玩耍或说笑，尽量不洒水 *家园共育：引导家长在家创设"小小饮水角"或引导幼儿使用小水壶，实现自主饮水。小小饮水角要投放适合幼儿用的不能够摔碎的小水壶和小水杯，高度要适应孩子自己倒水喝，水温一定要合适，不能烫。引导鼓励孩子自己完成喝水活动

（二）小班饮水活动案例分享

案例一：提高小班幼儿饮水的自主性

　　小班幼儿对喝水环节并不陌生，但是，小班幼儿喝水往往比较被动，需

要老师提示、要求，甚至喂水，还有的小朋友不爱喝水，会趁老师不注意偷偷把水倒掉。

我们尝试通过讲故事来引发幼儿喝水的兴趣。我班孩子特别喜欢听故事，所以我们巧妙地利用幼儿的这一兴趣点，有目的、有计划地选择一些关于饮水、良好饮水习惯的故事。如不爱喝水的明明（针对不爱喝水的幼儿）、淘气的小花猫（针对悄悄倒水和只喝一点儿水的幼儿）。这些故事来自绘本、自编和幼儿身边的故事。在讲故事的过程中，我们还注意加入一些情境表演，引起幼儿听故事的兴趣。这种直观形象又好听的故事和故事中的人物、事件，让孩子直观地认识到喝开水对他们的身体有益，而饮料会影响他们的身体健康。

我们还通过做游戏来引发幼儿喝水的兴趣。在游戏中，我班幼儿不但愿意玩，而且能在玩中达成教师的教育意图，"不但要让幼儿愿意喝水，还要让他们愉快地喝水。"于是，我们分析了孩子的相关情况后，设计了"卖水"等游戏。游戏玩法简单而有效："老师，我要买一杯水。"面对不同的孩子，我会这样来说："××小朋友，你第一个主动来取水，真棒！"（针对不喝水、喝得少的幼儿）像这样的游戏组织起来既方便又有效，更重要的是把"我要他喝水变为他要喝水"。饮水环节变得轻松而愉快。我们还发现孩子在饮水环节、加餐环节已经不再局限于我们给他们倒水，而是尝试着开始自己倒水。孩子们对倒水特别感兴趣，但是怎样才能倒好一杯水呢，对于小班幼儿来说是一个不小的挑战。因此我们针对倒水，引导幼儿和我们一起探讨。

案例："试试，我真棒"饮水篇。

远期目标：知道自己长大了，学习和尝试做自己能做的事情。

近期目标：学习自己倒水的方法，把握好水量（不宜过满或太少）。

1.创设适宜环境，引发自助行为。儿童是通过与环境的相互作用生成并开展活动的，创设适宜的环境是儿童"发展的关键"。因此，在实践中，我们注重幼儿自身与环境的交互作用，给幼儿提供一个自己思考、主动操作的环境暗示空间，不断引导幼儿主动地去观察发现、探索方法，从而自主获取初步的饮水能力和经验。

（1）使用饮水器具。幼儿生活活动中应该培养的基本经验是学做自己的事情。对于小班孩子来说，学着自己接水、倒水是最基本的能力。在组织集体定时定量饮水时，老师会为每一桌的小朋友准备一小壶白开水，水壶大小适合小班幼儿，水温适中，不会烫着孩子。在此准备上，引导幼儿学习倒水的方法。我们以图示指导的方法，让幼儿自主观察感知、练习操作，老师再作个别指导，孩子们喜欢自己倒水喝。在区域游戏和过渡环节时，我们提示孩子们随渴随喝，这时，我们还允许孩子到保温桶前，打开水龙头，尝试"接水"。当然，水温一定要适中，不会烫到孩子。在老师示范了接水方法后，孩子们就可以尝试了。孩子们很喜欢自己接水自己喝，不会将自己接的水倒掉。这不仅满足了幼儿饮水的生理需要，而且满足了幼儿自主发展的需要。

（2）选择饮水的地点。组织定时定量饮水时，我们会要求幼儿坐在桌子周围喝，每桌配备小水壶，一方面便于孩子自己倒水，另一方面也便于老师掌握每位小朋友的饮水量。

组织随渴随喝时，老师会在保温桶旁边设置一个小小的饮水角或饮水区域，放上小椅子，孩子们自己接水，坐在小椅子上喝，以免洒在地上或身上。

（3）整理清洁。我们在幼儿倒水的桌子上放一块抹布，当幼儿在倒水过程中洒了水时，我们会请幼儿学着将自己洒水的地方擦干净，并将抹布放回原处，培养其初步的整理服务意识和习惯。

2.运用情感迁移，引向自我评价。幼儿的心理发展和认知水平都处于较低的发展阶段，成人和外界对他们言行的态度直接影响着他们的行为。教师的提醒表扬是使孩子养成好习惯的良药；教师的个别指导会引来一大批孩子的模仿；教师的一句赞扬会换来更多孩子自我动手的机会。为此，我们根据幼儿的心理特点，在饮水活动中积极开展激励性行为评价，设立"试试我真棒"评选活动，利用老师的评价和幼儿之间的互相评价鼓励孩子们。一句赞扬的话、一个肯定的眼神、一个热情的拥抱都可以让孩子获得愉快、自豪、自信的情感体验，获得满足感，从而更愿意当"我真棒宝宝"。

3.反思。

（1）幼儿对于倒水水量的把握是个难点。我们对孩子们说："我们要倒多半杯。"一开始孩子们没有经验，不是倒得过满，就是水量不够。老师们就要及时关注。如果倒得不够，就要让孩子再倒一点儿；如果实在倒得太满，就引导孩子喝两口再端着走。慢慢地，幼儿就能够掌握多半杯的水量了。

（2）引导整理清洁。借鉴其他小班的经验，直接引导孩子将杯子放在一块毛巾上面倒水，这样幼儿如果不小心洒水了，也会及时地被毛巾吸收，避免水洒得到处都是。

如今，在我班的自主倒水饮水活动中，孩子们会按自己的意愿尝试自己倒、自己喝以及自己整理，从而享受、体验饮水的整个过程，这不仅激发了孩子们快乐饮水的情绪，提高其自理能力，而且体现了其主动性和自主性，满足了不同孩子的不同需求，更好地让孩子们在"生活"中学会生活。

案例二：我们大家来喝水

活动一：我给"小花"浇点水

周一早餐后，我拿着水壶浇花。孩子们纷纷围过来问我："刘老师，你干吗浇它呀？"我说："你们看这盆花的叶子都往下耷拉了，它生病了。"雅璇说："它为什么生病了？"我告诉她："因为小花周六日两天没喝水，所以生病了，我要给它浇水。""不浇水，小花多渴呀！它就要生病了。"孩子们看看小花不说话，我赶紧说："小朋友不喝水也会像花草一样，要生病的。"喝水时，我有意问："谁是我的小花？我给小花浇水了。"孩子们拿着水杯，挤到我身边，大声说："给我浇点水！给我浇点水！"

反思：小班幼儿的思维具有"泛灵论"的特点，把幼儿比作小花，孩子特别容易接受。在生活中，我们采用随机的教育收到了较好的效果。看来幼儿好习惯的培养要从生活的点点滴滴做起。

活动二：老师喂喂我

新学期，我们班来了很多新幼儿。孩子年龄小，来园不适应，为了使孩子饮水充足，老师们尽量满足幼儿的需要。年龄小的孩子需要老师特别关注，喝水时，有的孩子要求老师喂，有的孩子要用吸管喝水，有的用家里带来的杯子喝水，老师们都十分耐心地满足孩子的不同需求。一次，棒棒端着杯子喝不进去，我对他说："不喝水要生病的。"孩子看看我不说话。我又顺势对他说："咱们用小勺喝好吗？"棒棒点点头，很高兴地用小勺一口一地喝了起来。之后的几天，孩子经常对我们说："老师喂喂我。"渐渐地，孩子们开始适应幼儿园的生活，逐步养成了用水杯喝水的好习惯。

反思：对于个别孩子来说，喂孩子喝水是个好办法，这样可以缩短老师和孩子之间的距离，便于师生之间的亲密交流，使孩子感到像在家一样，适用于新入园的孩子。可同时使已经会用杯子喝水的孩子受到了影响。有几天，班里的其他小朋友看到了，也纷纷要求老师喂，孩子说："我变小了，老师你喂喂我吧。"这时我们就引导孩子说："你长大了，是小姐姐了，自己喝好吗？"有时孩子能接受，有时情绪不好的幼儿就不愿意接受。这时我就用手端着杯子也喂喂她，尽量满足她们的需求，保证孩子的进水量，然后再慢慢地引导她自己喝水。

活动三：不要把"地爷爷"的衣服弄湿

端水或喝水时，有的孩子注意力不集中，经常把水洒到地上或身上。一次，在喝水时，孩子们又把水洒在了地上，我们对小朋友说："看！地爷爷的衣服都湿了吧？地爷爷都生气了。地爷爷告诉小朋友拿好杯子，端水杯时，要端平了，水就不会洒出来了。来，我们让地爷爷看看，哪个小朋友最棒，端好水杯不洒水。"

反思："游戏化的一日生活"是符合小班幼儿年龄特点的教育方式，老师采取游戏化的口吻，引起幼儿的注意，当孩子们的注意力集中了，身体的平衡感、协调性都发展了，洒水的现象也就逐渐减少了。

活动四：发现问题及时沟通

我班的尧尧小朋友，胖乎乎的，很是可爱，就是每到周一来园时，奶奶总是先对尧尧说："今天要多喝些水。"然后再对老师说："孩子大便有些干燥，请您让他多喝些水。"上午第一次喝水开始了，我给尧尧倒了一杯水。尧尧虽然喝得慢些，但在老师的鼓励引导下还是都喝完了。第二次喝水，尧尧喝到一半时，停下来与对面的小林聊了起来。我走过去对他们说："你们刚才听到好听的咕咚声了吗？你们把杯子端起来喝一口，让我也听听你们喝水的咕咚声。"他们俩一起把水很快地喝完了。一天下来，尧尧都能在老师的引导下把水全部喝完。根据孩子在园的情况，我与尧尧的家长进行了交谈，了解到尧尧在家总是等奶奶追着喂水的情况，与家长一同分析原因，达成共识。还将在幼儿园时，老师引导尧尧自己喝水的方法告诉了奶奶。引导奶奶在家里建立一个小小饮水角，放上一个不怕摔的小水壶，一只孩子的小水杯，引导孩子自己倒水喝。几周过去了，尧尧的奶奶送孩子来园时，总是对我们说："老师你教的办法真好！尧尧进步了很多。不用奶奶喂了，自己能主动喝水了。有时还会给我倒水喝呢！"

反思：经与家长交谈，家园共育培养幼儿主动饮水、随渴随喝的好习惯。慢慢地，尧尧不主动喝水的问题解决了，同时在家长的配合下，孩子也能够主动进餐不挑食了。

案例三：神奇的水龙头

喝水虽然是幼儿园一日生活中细小的环节，但却是不可或缺的一环。在幼儿园里，我们为孩子们提供适合幼儿使用的小水壶、保温桶，为孩子们准备温度适宜的白开水，鼓励孩子们从小班开始就尝试自己用小水壶倒水喝、自己到保温桶处接水喝。

据观察，小班的孩子在老师的帮助和鼓励下，还是十分愿意自己动手倒水的，尤其是喜欢到保温桶处自己接水喝。有许多老师在组织喝水环节时，不愿意让孩子接水喝，有的老师出于安全的考虑，怕水热烫到孩子；有的老师认为孩子年龄小还接不了水；还有的老师担心孩子手部肌肉没有力量，接了水却端不稳洒了，等等。

1.培养幼儿自主性是形成幼儿健康自我的必要条件。从现在幼儿园小朋友的生活情况来看，许多父母对孩子都小心翼翼地看护，尽心尽力地照顾，所有能够为幼儿做的事都做了。在幼儿园里，尤其是小班的老师们，也怕孩子们有什么闪失，在日常生活中，也是尽心尽力地照顾、保护，殊不知，这恰恰剥夺了孩子锻炼的机会，使幼儿觉得自己没有能力。过多的包办代替似乎在告诉他们的能力不够，久而久之将影响孩子的自信心，同时也就影响孩子自己动手的习惯，缺少自主性。

2.培养幼儿自主性是发展幼儿潜能的一个重要组成部分。在幼儿园保教工作中，教师在了解幼儿年龄特点的基础上，必须充分相信孩子的潜能，要认识到幼儿是一个独立的、完整的、发展的和拥有极大潜力的个体，只有发现并相信幼儿的潜能，才会引导幼儿积极主动地投入到各种活动中去，从而使其充分发挥自己的潜在能力。幼儿在主动的活动过程中，通过探索、发现问题和解决问题，使自己的潜能得到最大程度的开发。

为了让幼儿可以自主接水，我们做了很多准备，首先，让孩子了解怎样接水，每天让孩子自己拿着小水杯到水桶前把水杯放在水龙头前的小盘中的控制点上，然后自己按下水龙头，水就流出来了，当孩子们看见自己按动的水龙头流水的时候特别开心。有了这样的前期经验，每天饮水活动时尝试实践，日复一日，不但使孩子的手眼协调能力得到了锻炼，更为孩子升入中班做了铺垫。

其次，教师给予孩子一些支持，比如在生活区的环境中粘贴接水的图画提示，接到多少水才合适。为了让孩子有秩序地接水，我们在保温桶前的地上贴上了等待线。在孩子排队接水的时候，用间隔一定距离的小脚丫或小圆点提示幼儿保持距离，以免发生拥挤、碰洒水杯等状况。通过区域的合理划分，避免一些拥挤打闹的现象。最后，还要注意幼儿喝水习惯的培养，比如一口一口慢慢喝，端着小水杯平稳行走等。

充分挖掘饮水环节中的教育契机，在保证幼儿饮水量的基础上，促进幼儿全面发展。

（三）中班饮水活动目标、特点及教育策略

目　标	特　点	教育策略及注意事项
*在教师或值日生的提示下，逐渐养成主动饮水、随渴随喝的好习惯 *丰富饮水与健康的认知	*在成人的引导下，孩子知道饮水与人体健康的简单关系。在教师的引导和提示下，能够逐渐做到主动饮水、随渴随喝	*通过日常生活及健康活动，引导幼儿了解饮水与人体健康的健康知识，知道冷饮及饮料对身体的危害。知道不喝或少喝冷饮、碳酸饮料 *与幼儿讨论，共同制订随渴随喝的规则，知道在过渡环节、区域游戏及户外活动时，可以在自己感到口渴时主动饮水。因此，教师要注意在组织活动时避免高控，要允许幼儿随渴随喝，并为幼儿创设随渴随喝的条件
*在饮水活动中丰富相关安全知识	*中班幼儿有能力自主完成接水、倒水等操作，能够做到尽量不洒水	*关注幼儿饮水量，上下午各两次定时定量饮水，应根据个体差异，保证幼儿饮水量，但不勉强幼儿一次喝过多的水 *幼儿能够按姓名取放自己的水杯，能够按秩序排队接水或倒水喝。不边喝水边玩或说笑，尽量做到不洒水。帮助幼儿树立安全意识，知道地上有水会有滑倒的危险 *夏季户外活动时，带小水壶，方便幼儿在户外活动中及时补充水分 *充分发挥值日生的作用，在做值日生的同时，培养幼儿主动饮水、随渴随喝的意识和习惯

（续）

目　标	特　点	教育策略及注意事项
*在饮水活动中丰富相关安全知识	*中班幼儿有能力自主完成接水、倒水等操作，能够做到尽量不洒水	家园共育：注意小中衔接，引导家长在家培养幼儿主动饮水、随渴随喝的习惯。创设"饮水角"或引导幼儿使用小水壶，实现"自主"饮水。家长要注意幼儿"自主饮水"过程中的安全教育，如教育幼儿不碰热水壶，避免烫伤，如果需要可以请成人帮助，水壶中如果是热水，一定要放在安全的地方晾一晾再给孩子

（四）中班饮水活动案例分享

近年来，随着人们健康意识的提高，"白开水"已经被公认为最健康的饮品。但是，孩子们还存在不爱喝白开水，爱喝饮料、冷饮，不主动饮水的不良饮水习惯。我们在培养幼儿主动饮水、随渴随喝的好习惯时，常常会越俎代庖，不等孩子口渴，就灌孩子喝水。正所谓"有一种渴是妈妈觉得你渴"。孩子对自身的口渴需求并不了解，不知道喝水与健康的关系。为了幼儿的身心健康，培养幼儿良好的饮水习惯，我们将健康主题教育与日常的饮水活动结合进行，开展了系列活动。

活动一　口渴我知道

3~6岁幼儿兴奋过程强于抑制过程，活泼好动，注意力不集中，喜欢做自己的事情。夏季天气炎热，孩子们的活动量较大，经常是满头大汗。很多孩子玩得太专注就根本忘了喝水这件事，需要老师三番几次地提醒才喝水。对此，我们开展了第一次活动"口渴我知道"。我和孩子们一起讨论了"怎样才能知道自己口渴了，口渴时有什么感觉，只有感觉渴了才需要喝水吗"等问题。孩子们说了很多。例如：

猗哲：口干就是渴了。

振宇：嗓子疼了就是渴了。

傲阳：出汗了需要喝水。

雨涵：不渴也得喝水，因为身体需要好多水。

子卉：咳嗽生病的时候也需要多喝水。

子超：看看舌头白不白，如果白了就是要多喝水了。

活动反思：孩子们根据自己已有的生活经验，能够说出自己口渴时的一些感觉，在孩子的基础认知上，我们又一起找来了科学资料和数据，帮助孩子提高认知，除了通过口干、嗓子疼等这些身体发出的紧急信号可以知道要喝水，孩子们还知道通过看小便的颜色、舌苔的颜色来判断自己是否需要多喝水，以及饮水对身体的重要性。

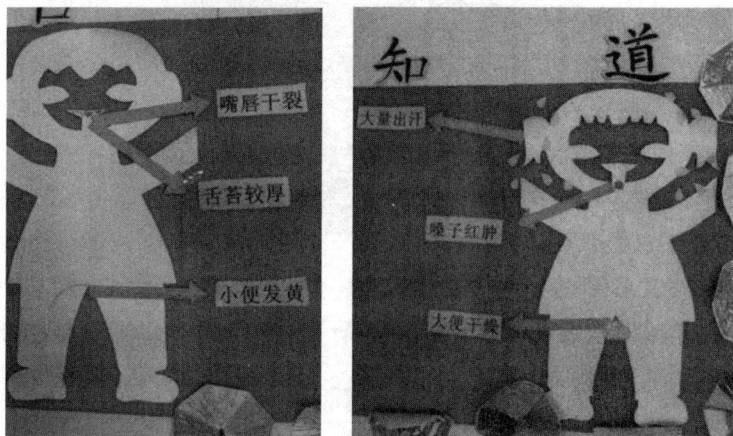

通过此次活动，孩子们不仅关心自己身体是否缺水，而且学会关心同伴、老师和身边的人。

活动二　口渴了喝什么

镜头一：今天带孩子们到青年园活动，每人背了一个小水壶，老师特地嘱咐家长们给孩子准备一壶白开水。活动回来后，老师放水壶时发现，雨涵、一凡等几个小朋友水壶里的白开水喝了很少。

1.分析与措施。开展活动"口渴了你爱喝什么"，关注班里不爱喝白开水的小朋友。

通过"多喝水身体好"的小表格鼓励小朋友多喝白开水。

通过科学小实验，让幼儿认识到总喝碳酸饮料和甜果汁对身体的危害。

关注幼儿的个体差异，对于特别不爱喝白开水的孩子可以采取多次少喝，慢慢过渡的方法。

通过家长调查问卷了解班中幼儿在家的饮水习惯以及家长的饮水习惯。根据结果有针对性地对家长进行引导，发动家长以身作则，自己首先改变爱喝甜饮料的不良饮水习惯，潜移默化地影响孩子，鼓励孩子多喝白开水。

通过家园联系册与家长沟通幼儿饮水情况，向家长介绍健康的饮水方式，共同培养幼儿良好的饮水习惯。

2.渴了你爱喝什么。

通过表格"渴了你爱喝什么"，调查幼儿在家的饮水情况，其中喝白开水的幼儿，喝碳酸饮料（可乐雪碧）的幼儿和甜果汁的幼儿各占三分之一。

活动三　科学小实验——种豆子

为了让孩子们更直观地认识到常喝甜果汁、碳酸饮料对身体的危害，我和孩子们决定给豆子宝宝喝不同的水。

可乐泡的豆豆

孩子们的猜想：18名幼儿认为清水让豆宝宝长得最快；10名幼儿认为果汁会让豆宝宝长得最快；5名幼儿认为可乐会让豆宝宝长得最快；2名幼儿认为不喝水的豆宝宝会长得最快。

实验的结果：可乐泡的豆宝宝长毛了，果汁泡的豆宝宝发酸了，清水泡的豆宝宝发芽了，没水的豆宝宝没变化。

在实验后，与小朋友和家长分享相关健康知识，如碳酸饮料四宗罪等。

1.对牙齿不好。美国牙科学会临床刊物《全面牙科》杂志上发表的一项研究指出："非苏打饮料和运动饮料对牙齿珐琅质的损害程度要大大超过可乐，其危害分别是后者的3倍和11倍。其中，高能饮料和瓶装柠檬茶对牙齿的危害最大。与一般可乐相比，运动饮料的添加剂里含多种有机酸，能分解钙质，进而侵蚀到牙齿的珐琅质。

2.对胃不好。长期饮用碳酸饮料会导致夜间胃痛。碳酸饮料是一种被充入二氧化碳气体的软饮料，也就是我们生活中常说的汽水。之前有研究称，长期饮用碳酸饮料非常容易引起肥胖和糖尿病；碳酸饮料中的磷酸会潜移默化地影响人体骨骼，导致骨质疏松等。

3.导致肥胖。据了解，一罐375毫升的罐装可乐所含的热量约为147卡路里，相当于正常人一天所需热量的八分之一左右。英国医学杂志《柳叶刀》今年的一篇研究报告显示，每个孩子平均每天喝一听软饮料，体重超重概率增加60%。曾有一幅漫画说：碳酸饮料、快餐对美国人的危害是香烟的3倍。肥胖是整个社会面临的一个非常现实的问题，儿童肥胖可能使其更易患心理障碍、高血压、动脉粥样硬化、冠心病、糖尿病、脂肪肝、睡眠呼吸暂停综合征及易致生殖系统发育不良等。

4.影响处在发育期的孩子长高。碳酸饮料影响人体对钙离子的吸收，所以长期饮用肯定会造成缺钙。对正处在成长发育期的少年儿童来说，最好不要喝碳酸饮料。

果汁泡的豆豆

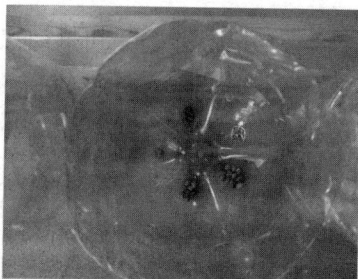

没有水的豆豆

清水泡的豆豆

活动四　怎么喝水好

首先，在培养幼儿定时定量喝水的同时，也不能忽视幼儿随渴随喝的饮水习惯。由于季节和天气的不同，还有每个幼儿的活动量、饮食结构、身体状况不同，定时饮水未必能满足所有孩子对水的需求，所以在日常生活中、游戏中，我们也要有针对性地提醒幼儿随渴随喝。其次，要培养幼儿喝足量水的习惯。人体一天要喝1500~1800毫升的水才能满足全身各系统的需求。为了让幼儿明确理解这一含义，我们特地找来了大毫升杯和小毫升杯，让孩子用小杯一杯一杯地累加到大杯中，让孩子亲眼看见一天的基本饮水量，再倒在孩子平时喝水的杯子中，就得出一天应该喝几杯水。通过这个小小的实验，孩子深刻地感知到每天的饮水量。

班级中开设多喝水身体好的统计表，幼儿每喝一次水，就插放一个小水杯，幼儿可根据自己的实际需要，选择喝半杯或者一杯水。

我们还请孩子将这一实验结果告诉家长，提醒家长多喝白开水。

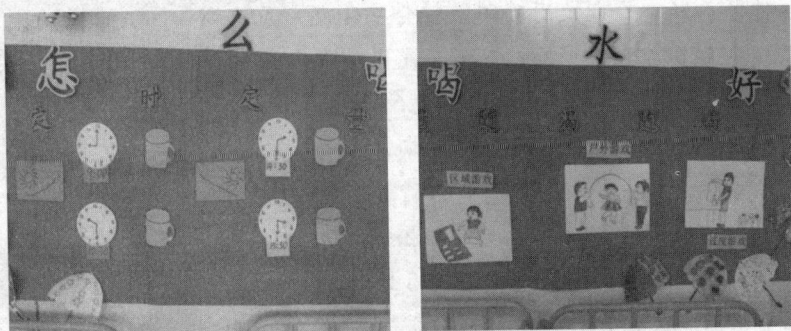

《幼儿园教育指导纲要》中明确指出：教师应细心照料幼儿的生活，尊重他们独立的要求，避免过度保护和包办代替，鼓励并指导幼儿自理自立的尝试。饮水活动是幼儿一日生活中的常规活动，每天都要进行，作为教师理应发现其中蕴含的多种教育契机，充分挖掘教育因素，对幼儿进行多方面的教育。

首先给幼儿实践锻炼的机会，将幼儿能做的事情还给幼儿，将幼儿想做不会做的事情教给幼儿。4~5岁幼儿小肌肉动作的灵活性有了明显提高。因此，孩子们在喝水环节都是自己取放小水杯，自己倒水，自己接水。根据自己的实际需要决定是喝一杯水或者半杯水。

出现的问题：有的孩子为了得到老师的肯定和表扬，为了去插小水杯，多次喝水，一上午喝了五六杯水，对此我们专门进行了引导，告诉孩子喝太多水也会难受，肚子胀，甚至会水中毒，要科学饮水，身体才能更健康，并不是喝得越多越好。

（五）大班饮水活动目标、特点及教育策略

目　标	特　点	教育策略及注意事项
*养成主动饮水、随渴随喝的好习惯	*大班幼儿自主性较强，知道饮水与人体健康的关系，能够主动饮水。有一定照顾自己身体健康的意识。如知道自己嗓子红了、感冒了、小便太黄了，要多喝水	*通过日常生活及健康活动，引导幼儿了解饮水与人体健康的知识，知道冷饮及饮料对身体的危害，知道不喝或少喝冷饮、碳酸饮料
*培养健康意识，丰富饮水与健康相关的认识	*大班幼儿自主性强，不像小班幼儿那么"听话"，喜欢尝试探索，冷饮和碳酸饮料的吸引力还是很大的。大班老师和家长要注意健康教育，了解冷饮及碳酸饮料对人体的危害，使幼儿产生主动照顾自己身体健康的意识	*为了有利于幼小衔接，教育幼儿在活动前如厕、喝水，避免影响活动的完整性，阻碍幼儿发展。与幼儿讨论，共同制订并遵守随渴随喝的规则，知道在过渡环节、区域游戏及户外活动的自由活动时（夏季户外活动时带小水壶，方便幼儿在户外活动中补充水分），感到口渴时主动去饮水。因此，老师要注意在组织活动时避免高控，要允许幼儿随渴随喝，并为幼儿创设方便随渴随喝的条件
*实行"全自主饮水"，做好幼小衔接准备	*大多数幼儿饮水习惯好，基本养成了主动饮水、随渴随喝的好习惯。个别幼儿饮水习惯不好，会因贪玩少喝水、不喝水	*关注幼儿饮水量，上下午各两次定时定量饮水，应根据个体差异，保证幼儿饮水量，但不勉强幼儿一次喝过多的水。同时，也要关注个别饮水习惯不太好的幼儿，因贪玩不喝水或少喝水 *幼儿能够按姓名取放自己的水杯，能够熟练操作保温筒水龙头接水或用小水壶倒水喝，做到有序排队，而且尽量不洒水

（续）

目　标	特　点	教育策略及注意事项
*在饮水活动中丰富相关生活经验、安全常识，提高幼儿自主生活的能力	*大班幼儿的饮水量增大，注意力集中时间较中小班长，大多数幼儿可以完成长时间的活动，不用喝水 *大班幼儿喜欢有挑战性的任务，在尝试中探索，获得"真生活的能力""真生活的经验" *大班幼儿有一定的生活经验，知道不碰开水壶，知道地上有水容易被滑倒等，能够在教师的引导下注意安全	*帮助幼儿建立安全意识，知道地上有水会有滑倒的危险。如果洒水，教师可提供小拖布，引导幼儿学习自己擦干净地面上的水 *大班末期，五月份开始，模拟小学模式，幼儿带水入园，实行全自主饮水。什么时候喝水、喝多少全部由幼儿自主决定，水喝完了可以自己到保温筒接水（教师与幼儿展开讨论活动，引导幼儿实行全自主饮水，围绕问题进行讨论，丰富幼儿解决问题的经验） *家园共育：引导家长在家指导幼儿使用成人用的凉白开水壶、水杯，不需要成人提醒或照顾，可以实现自主饮水。家长要注意幼儿"自主饮水"过程中的安全教育，如不碰热水壶，避免烫伤，如果需要可以请成人帮助，水壶中如果是热水，一定要放在安全的地方晾一晾再给孩子。如果家里没有二胎的小宝宝，家长也可以引导幼儿在家长的保护下，学习使用热水，尝试完成沏茶等活动

（六）大班饮水活动案例分享

案例：自主饮水，做自己的小主人

　　大班幼儿有了一定的自主能力，并在不同的环节尝试自我管理。孩子们即将升入小学，我们更加重视培养幼儿养成主动饮水、随渴随喝的好习惯。我们从大班下半学期开始，尝试全自主饮水方式，即取消老师组织的"定时定量"的饮水活动，全部由幼儿自主完成饮水活动。由幼儿决定什么时间喝水，喝多少水，逐步培养幼儿主动饮水、随渴随喝的健康生活习惯。我们通过活动与环境的引导，培养幼儿自主喝水。

　　1.了解人体每天需要多少水。我们小朋友的身体每天需要多少水呢？针对这个话题和孩子们展开讨论，孩子们各种猜想，有的说需要3杯，有的说需要6杯，有的说需要2 000毫升。到底需要多少呢？我们请大家回去收集资料，第二天大家又进行了分享。通过查阅各种科学数据，孩子们了解到人体每天需要1 500毫升水。那么问题又来了，1 500毫升是多少杯呢？于是我们找来了带刻度的量杯，又拿来了每天喝水的小杯子进行了验证，1 500毫升是5杯半。通过这个讨论与验证活动，孩子们知道了人体每天需要的水量。

2.知道什么情况下需要补充水分。我们在什么情况下需要喝水呢？针对这个问题，大家又展开了激烈的讨论，口渴时、嘴唇干时、出很多汗后、尿黄时、大便干燥时……最后我们又统计出人的身体在什么情况下需要补充水分，让孩子们对身体的需求有一定的了解。

3.通过环境创设引导幼儿自主饮水。为了做好幼小衔接工作，引导幼儿养成随渴随喝的好习惯，争取上小学后也能够自主饮水，管理好自己的身体健康，我们创设了相应的环境，孩子们根据自身的需要饮水，自己管理自己，每喝一杯水就在记录表上插一根小彩棍儿来记录，每人每天最少喝5杯半。

孩子们都高兴极了，自己可以做自己的小主人，每喝完一杯水都给自己做个小记录，还时不时地数一数数量。刚开始，有的幼儿安排得还不太好，出现玩起来忘记喝水的情况。但经过一段时间的自我管理，他们也有了一定的经验，都能够根据自己身体的需要来主动饮水，基本不需要老师提醒。就连平时不爱喝水的几名幼儿也不再需要老师追着提醒了。户外活动时，孩子们还会背一个小水壶，口渴了随时去喝水。

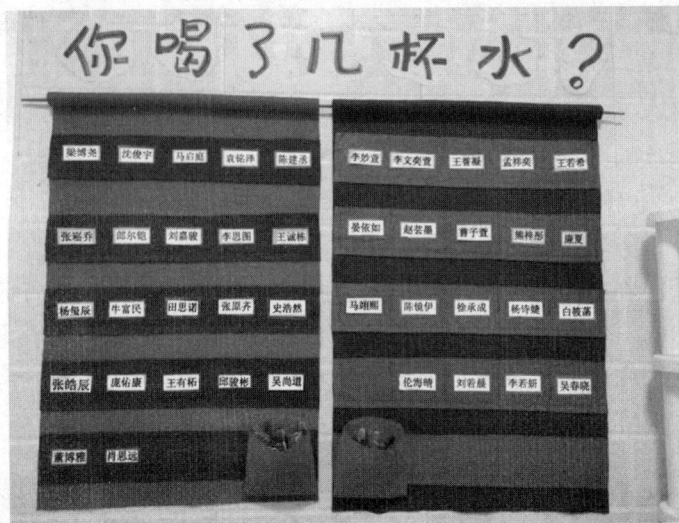

4.家园共育，培养幼儿随渴随喝的好习惯。要使幼儿养成随渴随喝的好习惯，幼儿园和家庭应该共同培养。在班级开展这个活动之前，我们与家长委员会及家长代表进行了充分的沟通，听取家长建议，合理制订此项活动，并请家委会家长与其他家长进行沟通，收集意见，最后大家达成一致，家园合力，培养幼儿良好的饮水习惯。家长在家也不再追着孩子喝水，而是创设了饮水角，方便幼儿取放与倒水。还有的家庭也制作了一个记录表，孩子自己记录饮水情况，周末外出玩时，孩子自己背着水壶，根据自己的需要饮水。

经过一段时间，家长的反馈很好，首先孩子有了自主饮水的意识，让孩子自我管理后，孩子反倒更加主动，更有责任感了。相信孩子们一定能够养成良好的饮水习惯，为今后的生活打下良好的基础。

六、如厕活动

如厕是幼儿园一日生活中的重要环节之一。如厕可以满足幼儿正常的生理排泄需要。通过如厕教育，可以帮助幼儿掌握正确的如厕方法，养成良好的如厕习惯，进而提高幼儿的生活自理能力，帮助幼儿获得自信心，促进幼儿的自我成长。如厕对于成人而言是再简单不过的事情，但对于幼儿来说却是极大的挑战。

学会如厕是孩子成长过程中的一座里程碑，从后知后觉的排尿到警惕身体内部的变化，报告尿意，然后进厕所、脱裤子、坐马桶，最后排泄。要完成自主排泄，幼儿不仅要学会控制自己的排泄系统，还要掌握反应速度，更需要一定的自控力与自理能力。这些能力的获得既有赖于排泄系统的成熟，也需要孩子不断地学习。

通过如厕教育，教师要帮助幼儿理解人为何会产生大小便，及时排便对身体健康的好处，知道正确的如厕行为，定期排便，便后冲水并洗手，养成良好的如厕习惯；要帮助幼儿解决如厕的方法技能问题，如脱裤子、擦屁股、提裤子、冲水等；要让幼儿懂得在园如厕是一件很正常的事情，不紧张、不拒绝，轻松如厕；让幼儿知道在厕所大小便时，不推不挤，安静有序地如厕。因此，如厕活动不仅仅是解决大小便的问题，而且有很多教师需要注意的问题。

第一，解决幼儿对如厕的认识问题。教师可以通过讲故事、看视频等生动形象的方式，将如厕教育与科学、语言等领域的教育有机融合，帮助幼儿理解正常如厕与身体健康的关系。如知道及时排便对身体健康的意义，不及时排便对身体的害处；知道大小便的不同情况是身体健康的晴雨表，反映着身体的不同需求。教师要指导幼儿观察尿液的颜色，知道当尿液发黄时，必须及时补水，多吃水果和蔬菜。

还要指导幼儿通过观察大便的情况及时改善饮食：知道当出现胖胖鼓鼓的大便时，需要增加绿色蔬菜；当出现干干硬硬的大便时，需要多吃水果和蔬菜，多运动，多喝水；当出现水水的大便时，有可能是吃了腐坏变质的、没洗干净的食物，或吃东西前手没洗干净，这时需要做到饭前洗干净手、卧床休息，严重时还要吃药。

第二，解决幼儿如厕的心理问题。对于幼儿来说，入园前在家中，幼儿的如厕行为多由家长包办，入园后由于照料人员、如厕时间、洁具和如厕方式等都发生了变化，幼儿心理上会产生一定的压力。所以对很多幼儿来说，在园如厕的确是一种挑战。尤其是幼儿大便后需要教师帮助擦屁股，一些与教师之间没有建立起安全依恋关系的幼儿宁愿选择憋着大便，也不愿意在园大便。

对于新入园的幼儿来说，教师对他们大小便行为的反应态度是极其重要的。如果幼儿不慎尿到或拉到裤子上，教师首先要告诉幼儿这没关系，小孩子尿到或拉到裤子上很正常，然后帮助幼儿清洗、更换裤子，并轻言细语地告诉幼儿，想大小便时可以告诉老师。幼儿没有受到呵斥，就会感到轻松和安全，以后他就可以慢慢习惯去控制大小便。如厕教育过程中，还要注意幼儿的每一个细小进步，当幼儿能主动表达便意时，教师一定要及时肯定他，同时让其他幼儿明白，老师很喜欢帮助他们。

教师要用自己的爱心、耐心和细心，为幼儿营造一个宽松、安全、温馨、和谐的氛围，这是帮助幼儿解决集体生活中如厕困难的首要条件。教师不要过分控制幼儿排便的次数，导致幼儿害怕，不敢表达便意。

第三，解决幼儿如厕的"技术"问题。解决穿脱裤子的问题。首先，教师可以请家长为幼儿穿方便穿脱的裤子。一方面可以让幼儿轻松掌握独立穿脱裤子的技巧，使他们感到这并不是难事，进而产生独立做事的愿望和成功感；另一方面，在如厕中，简单易脱的裤子对动作较慢的幼儿来说，相差一点时间就可能导致两种不同的结果，会使幼儿心理上产生完全不同的感觉。其次，教给幼儿穿脱裤子的方法。最后，平时养成让幼儿独立穿脱衣服的习惯。

解决整理衣服的问题。教师可以通过行为示范和语言讲解的方式告诉幼儿整理衣服的方法；通过儿歌的方式帮助幼儿记忆整理衣服的顺序；通过个别指导帮助幼儿掌握整理衣服的方法；通过照镜子，引导幼儿自己检查衣服整理的情况。

解决擦屁股的问题：教师可以专门设计一些活动教会幼儿擦屁股。对于女孩子，教师要让她们学习从前往后擦，避免阴道被污染。

第四，解决如厕的规则问题。针对幼儿在如厕时发生争抢厕位，大小便洒到便池外或裤子上，一边大小便一边聊天嬉笑，拖延大小便时间，厕所里推搡导致滑倒、磕伤等问题，教师可以请幼儿讨论，参与制订规则，并以图示的方式记下大家共同制订的厕所公约，以示提醒。对于个别在园憋便、不愿到厕所如厕的幼儿，教师可以让他们扮演游戏中的角色，照顾娃娃如厕，引导幼儿在游戏中学习技能并养成习惯。

第五，解决幼儿如厕的意识和习惯问题。日常活动中及时提醒。教师要细致观察幼儿的神态，一旦发现幼儿有发呆、心神不定、左右扭动、脸憋红、两腿夹紧等表现时，一定要立即询问。特别是秋冬季节，穿脱衣服上的困难会影响幼儿及时排便，教师要尽量避免幼儿尿在裤子上或拉在裤子上等行为的发生。对于小便间隔时间短和玩起来就忘乎所以的幼儿，教师要经常提醒，特别是在午睡前、集体活动、户外活动和外出活动前。

午睡中及时提醒。对尿床、尿频或睡前喝水多的幼儿，教师在幼儿午睡中间要按时唤醒，让幼儿在清醒状态下如厕，避免摔倒，逐渐培养他们有便意及时如厕的习惯。

第六，解决家园要求不一致的问题。对于因家长包办过多而导致幼儿迟迟不能自主如厕的问题，教师要及时与家长沟通，争取家长的配合，共同帮助幼儿顺利解决如厕问题。

如厕活动的总目标：1.定时大便，有便意时不憋便。

2.养成文明如厕的好习惯。

（一）小班如厕活动目标、特点及教育策略

目　标	特　点	教育策略及注意事项
*如厕时感到放松，逐步习惯在园如厕	*目前幼儿在家基本上使用坐便器，所以有不少幼儿对蹲便的方式不太适应。另外，由于幼儿腿部的肌肉力量还较弱，蹲便如果时间长一点，尤其是大便的时候，会出现"蹲不住"的情况	情况一：不适应幼儿园的蹲便器，蹲便时候容易腿部疲劳，学习蹲便需要一个过程 *入园初期，为幼儿准备便盆，允许幼儿坐便 *做一些下蹲、起立的游戏，锻炼下肢肌肉力量 *在幼儿园蹲坑旁安装小扶手 *家长带幼儿使用公厕时，鼓励幼儿尝试蹲便方式，引导幼儿在家练习蹲便
*逐步学会穿脱裤子、擦屁股	*由于小班幼儿还不能完全自理大小便，因此还比较依赖成人的照顾	情况二：部分幼儿不会穿脱裤子 *引导家长为幼儿提供易于穿脱的衣服 *用图示、儿歌法引导幼儿学习穿脱裤子 *对于不会整理衣服的幼儿，教师可先帮助整理，再逐步引导幼儿学习 *鼓励幼儿自己穿脱、整理衣裤。如"明明的裤子今天提得不错，背心也塞进去了，出去活动就不会漏小肚皮了！"

（续）

目 标	特 点	教育策略及注意事项
*知道有大小便及时去厕所	*小班幼儿自理大小便的能力较弱，幼儿会出现由于不会小便或弄不好衣服而便在衣裤上的情况	情况三：部分幼儿不会擦屁股 *用儿歌、图示法引导幼儿学习擦屁股。由于小班幼儿身体协调性发展不充分，幼儿擦过后，教师要检查下，对于未擦干净的幼儿，教师给予帮助，并进一步引导幼儿学习怎样把屁股擦干净 *对于遇到如厕困难（尿湿、不会擦屁股），主动求助的幼儿给予鼓励，如"你尿湿裤子了，马上告诉老师，做得好！"
*携手家长，初步培养幼儿定时大便的习惯	*由于有的幼儿在三岁前大小便的训练不够，使用纸尿裤的时间较长，幼儿会出现便溺在裤子内的情况	情况四：有时幼儿的小便姿势不正确，容易尿湿裤子 *引导男孩、女孩学习正确的小便方法。如男孩会自己扶好生殖器，女孩会搂好裤子等 *告诉孩子尿在便池里，不能往小朋友身上尿
*逐步养成良好的卫生习惯，便后冲水、洗手	*刚入园时，由于不适应或因为贪玩等情况，出现憋便或便溺在裤子中的情况。由于师幼关系还不太亲密，及语言表达能力有限，会出现便溺在裤子中，不告诉老师的情况	情况五：有的幼儿不愿在园大便 *和幼儿一同创设温馨的厕所环境，如和幼儿一起选择小动物的图片贴在墙上，选择幼儿喜爱的音乐或故事在厕所播放 *为幼儿创设宽松的精神环境，对于便在身上的幼儿做到不批评、不埋怨、不当众换洗，并充分安慰他 *用游戏的口吻、生动的儿歌、故事等方式鼓励幼儿在园大便。如这只可爱的小牛也在问你"今天在幼儿园大便了吗？" *和幼儿一起做大便记录 情况六：有的幼儿由于贪恋游戏，憋便 *在活动前后组织幼儿分小组如厕 *当幼儿有便意时，鼓励幼儿主动提出需求，并及时照顾幼儿如厕 *对有憋便问题的幼儿，老师有意识地提醒幼儿如厕

（续）

目　标	特　点	教育策略及注意事项
*能遵守如厕规则，懂得自我保护 *能用语言表达自己在如厕时遇到的困难和问题	*小班幼儿安全自护能力较弱	情况七：喜欢在厕所和同伴踩水玩 *出于安全考虑，保持卫生间地面无积水，以免幼儿滑倒 *制止幼儿踩水，避免出现危险

（二）小班如厕活动案例分享

案例一：便一便　真舒服

大便是小班幼儿入园后的一大难题，有的幼儿不习惯幼儿园的蹲便方式，不愿在幼儿园排便，因而常常憋便，憋不住时也会便在裤子里；有的幼儿依赖性强，大便时需要成人陪同；还有的幼儿常常因贪玩而导致憋便。这些不良的排便习惯，不仅影响孩子的身体健康，而且容易让孩子产生紧张心理而不愿意来园，导致家园之间产生误会。因此，教师需要对幼儿进行细心观察和了解，用适宜的方法帮助他们养成良好的排便习惯。

在此基础上，老师一方面注重给幼儿创设宽松的精神环境，让幼儿在心理上获得安全感，另一方面运用"幼儿在园大便记录表"记录幼儿排便情况等办法，使大多数幼儿基本形成良好的排便习惯。

但个别幼儿还是会把大便拉在裤子里。我们班云谦就是这么一个孩子，每天憋便，不愿意蹲便，有时憋不住就便在裤子里，也不告诉老师。有时一周会拉三次裤子，和家长沟通后，家长也反映孩子喜欢憋便，每次问他都说没有，来不及了就拉在裤子里，在家只坐便盆拉，希望得到老师的帮助，教孩子学会蹲便，愿意全力配合老师。

教师指导家长在家里刚开始教孩子练习蹲便时，时间不要太长，孩子的腿部力量没有那么大，从两分钟开始练习，慢慢增加到五分钟、七分钟、十分钟，而且每天定时定点，多鼓励表扬，在园也是这样，每次吃完饭后都让他去厕所蹲一会儿。

两周后，家长很激动地告诉我，经过这些日子的坚持，云谦终于可以蹲便了，虽然一天会蹲三四次，但每次都会拉出来，时间上也很固定了，非常感谢老师的方法。

老师进一步引导家长："不客气，我们也很高兴，一天蹲三四次是因为孩子的腿部力量还不够，平时也要注意多锻炼腿部肌肉，再过一段时间，你会发现比现在又有进步了。"

经过一段时间，云谦已不再惧怕在幼儿园排便了，逐渐养成了良好的排便习惯。这样，孩子在幼儿园更加快乐，家长也消除了原来的担心和顾虑。作为教师，我们也从中获得了这样的启示：排便虽不是游戏，但是有好的方法，幼儿定时排便习惯的养成就会变得轻松、快乐。

案例二：小脚印大作用

关注幼儿生活的一点一滴，关注他们心灵的每一声呢喃细语，关注他们每一个细小的需求。

情境一：

胖胖又尿裤子了。老师怕胖胖有便意时不敢跟老师说，就引导胖胖："胖胖要尿尿时，你就去厕所，不用和老师说，自己去就行。"可是胖胖一天尿湿裤子好几回；上幼儿园几天都不大便；有时还会因憋不住大便而拉在裤子里。这样一直持续两个多星期，我的头都快大了。胖胖成了全班的"人物"。我们迫切希望解决这个问题。我经常和胖胖沟通。后来孩子终于说出是因为害怕厕所。因为幼儿园是蹲便器，他家是坐便器。

小班幼儿初入园时，由于从家庭来到幼儿园这个陌生的环境，在生活上、情感上和心理上均依赖成人的照顾，不安全感就产生了，尤其是不适应蹲便器，惧怕幼儿园厕所里的蹲坑。如何让孩子们不害怕上厕所呢？我们认为，创设适合幼儿的厕所环境势在必行。既然孩子们害怕蹲坑，我们就在每个厕坑的两边适中的位置上，贴上可爱的小脚印，孩子们看了既喜欢又新奇，都争着去踩自己喜欢的小脚印。这样一来，小朋友每人都踩着一对小脚印，既减轻了孩子们的心理压力，又激起了孩子们主动上厕所的欲望，而且当孩子们把自己的小脚和厕坑边的小脚印对准后，蹲下来大小便时，也不会便溺在便池外面了。我们还在便池隔板上安装了小把手，孩子蹲便时，可以拉、扶小把手，在一定程度上缓解了孩子腿部的疲劳和蹲便的紧张感。

因为是刚入园的孩子，改变了孩子生活的环境，孩子们会出现紧张、不愿意蹲便的情况，所以入园初期我们给孩子们准备了小坐盆，孩子们坐着就会放松很多，作为适应蹲便前的过渡。

情景二：

小朋友集体如厕时，总是出现拥挤的现象。你推我，我推你。"老师，泽泽推了我！"厕所里传来了争执的声音："这是我第一个抢到的！老师，他推我！""老师，我是第一个！""哇！"（哭声）……原来，小朋友一起拥到厕所里，由于人多便池少，有些小朋友就要等待如厕。悦悦不愿等，一进去就要抢第一。其他小朋友可不乐意了，她就动起了"武力"……

像这样的事情几乎每天都上演几次。很容易造成幼儿受伤，我很担心。于是小脚印出现了。根据小班幼儿的年龄特点，我们在每一个便池前粘贴了颜色鲜艳的小脚印，提示孩子们有序排队，轮流如厕。孩子们在老师的要求和鼓励下，站在小脚印上等待如厕，如厕活动变得有序、安全了。

"细节决定成败""生活就是教育"，幼儿如厕教育不容忽视。小班幼儿刚刚从家庭中来到幼儿园，以自我为中心的意识较强。在他们的意识中，我抢到的就是我的。自己的需求得不到满足就不行。2~4岁是幼儿秩序培养的关键期，我抓这一契机，在生活活动中培养幼儿的秩序感。环境是重要的教育资源。我们想通过厕所环境的创设和利用，帮助幼儿理解和遵守简单的社会规则。

另外，小班幼儿在与同伴的交往中常常会发生冲突，个别幼儿还会出现攻击性行为。我们知道幼儿模仿力极强，特别是小班幼儿，他们能通过模仿学习攻击性行为，同样也可以通过模仿学会谦让、互助、分享和合作等一些行为。创设有序的生活环境，通过日复一日的生活，在常规的日常生活中潜移默化地培养幼儿良好的生活习惯和交往习惯，促进每位幼儿在原有水平上的发展。

案例三：悄悄告诉我

区域活动时间到了，小朋友们都陆续搬着自己的小椅子，选择自己的区域活动。小远站在自己的小椅子前面一动不动，我走过去问他："小远，你为什么不去玩游戏呀？"他没回答我，站在原地没有动。于是我拉着他的小手说："我们一起玩积木吧，看谁搭得高、搭得快。"他听我说完后，和我向积木区走去。我和小远刚走几步，突然一声响亮的声音打破了和谐的区域活动。"老师，地上有一堆粑粑，好大的一堆。"听到孩子的叫声，我转头看了过去，发现地上的大便一直延伸到小远的脚边。我低头看了看他，小远没有说话，只是默默地低下了头。

分析：小班幼儿来到一个陌生的环境，心情紧张不愿意表达，不愿意与亲人以外的人交流和表达。幼儿对环境不熟悉，尿床或拉裤子这样的事情会害怕别人笑话，怕成年人不喜欢自己，尤其有些成年人在孩子尿裤子和大便在裤子里后训斥孩子，这样就会使孩子更加惧怕，更加不愿去与成人表达自己的想法。

措施：安抚孩子，帮助他及时更换衣裤，不要声张，保护孩子的自尊心。将孩子带入到寝室更换衣裤，不要当着全班幼儿的面进行。同时和家长达成一致，请家长遇到此类情况时也不要在众人面前训斥孩子。教师在园及时提醒这些孩子如厕，避免孩子尿裤子，如果尿湿或者便在裤子里时及时地找成年人帮助。我们通过游戏"悄悄话，拉拉手"让幼儿减轻自己的心理负担，学会在需要时寻求老师的帮助。不敢说话的小朋友可以拉拉老师的衣角或手等来引起老师的关注。

家庭是孩子的第一所学校，家长是孩子的第一任老师，是孩子最熟悉、最亲密的人，所以家庭教育的作用是不可忽视的。有了家长的配合，教育会取得事半功倍的效果。幼儿园要与家庭密切配合，针对幼儿如厕问题及时沟通，达到幼儿园与家庭的同步教育。

家园同步教育是教育取得成功的关键之一，家长在家里要让幼儿养成独自如厕的好习惯，对幼儿提出与幼儿园相同的要求，教他们学习正确如厕的方法，这样家园共同努力，保证幼儿在园在家生活规律的一致性及生活自理能力的独立性，帮助幼儿养成良好的如厕习惯。良好如厕习惯的养成是一项长期的工作，教师及家长都不能忽视对幼儿的如厕教育，要树立"生活即教育"的大教育观，抓住幼儿如厕环节，利用多种教育方法，使幼儿学会独立大小便，养成良好的个人卫生习惯，使幼儿真正全面健康地成长，我们将在已有经验的基础上探索、研究新的教育方法，让好习惯陪伴幼儿一生。

案例四：文明如厕从小班做起

如厕排便是幼儿生活的一个重要环节，也是培养幼儿自理能力的重要契机，非常值得成人关注。对幼儿进行有关如厕的教育，不仅对幼儿的身体健康有着重要的影响，而且是培养幼儿自我服务能力及良好生活卫生习惯的重要一环，因此教师要关注幼儿的如厕情况，抓住时机向幼儿进行相关的教育，其中就包括文明如厕。

3~6岁幼儿大小便习惯的养成，与他和父母以及最初的抚养者的接触过程中形成的个人经验有关，有的父母或家庭注重对幼儿大小便习惯和规律的培养，这样的幼儿来到幼儿园后，能较顺利地适应幼儿园生活，逐步养成主动大小便的习惯；有的父母和家庭对孩子较为溺爱，时时处处顺着他们，认为吃饭、如厕等生活习惯是在幼儿园培养的，这样生活无规律的幼儿来到幼儿园后，将会经过很长时间才能适应和稳定下来。但是很少有家长在家培养孩子文明如厕，导致孩子刚来园随地大小便，便后不知道冲厕，不管在什么时间、什么地点，有便意就脱下小裤子……所以我们认为文明如厕是需要从小培养的。

对于刚入园的幼儿来讲，由于幼儿园与家庭厕所的环境及如厕方式之间的差异，使幼儿对如厕存在着不同程度的恐惧感，他们大多不喜欢在幼儿园上厕所，尤其是大便，有时出现便在裤子里或床上的现象。因此，教师面对新入园的孩子，要了解每个孩子在家的如厕情况，要有足够的耐心去帮助幼儿建立如厕排便的习惯，对于尿裤子及尿床的幼儿要注意保护他们的自尊心，严禁训斥指责。教师应该保护好孩子的自尊心和羞耻心。很多孩子在进行如厕训练后还会反复，出现便溺在身上的事情，这个时候，孩子会意识到自己的行为不好，会自责和羞愧，甚至大哭。这个时候，家长、教师最好不要过度放大这个事情，可以试着告诉孩子，爸爸妈妈像你这么小的时候也会尿裤子呢，还有叔叔阿姨都会呢。没有关系，悄悄给孩子换掉就可以了。待幼儿学会使用厕所后，教师要逐渐培养幼儿定时大便及自理大小便的能力。从学脱、提裤子到学整理好衣裤；从教师给擦屁股到自己独立擦屁股。此外，性别的差异导致男女孩如厕方式的不同，幼儿从家庭来到幼儿园的群体生活，他们对异性的如厕方式感到好奇。面对幼儿的好奇心，教师应给予适度的引导，而不应该回避，可以帮助他们了解男孩子和女孩子除了如厕方式不同，还有很多不同之处，如发型、着装等，对幼儿进行初步的性教育。

幼儿如厕行为常规的培养，要融入一日生活中，注重在生活中教育，抓住幼儿每次如厕的契机，使幼儿得到充分的锻炼，尽量避免单调的训练，使幼儿产生厌烦心理，也不要限制幼儿的如厕行为。如厕活动中蕴含着丰富的教育资源，教师应抓住各种教育契机引导幼儿观察、发现、感知，使幼儿在如厕的过程中掌握经验，丰富知识。如在如厕过程中，幼儿认识扶手、纸篓的颜色，欣赏厕所内的环境布置，感知丰富多彩的颜色；感知数、量、形的含义，数一数墙上贴了几个小动物，便坑边有几只小脚丫印，都有什么形状的；弯曲的管道、流动的水流都会使幼儿产生强烈的好奇，此时，正是进行科学探索的最佳时机；学会观察自己大小便的颜色、形状，了解饮食与健康的关系，关注自己的健康状况。而教育幼儿不推不挤、先下后上、互相谦让、爱护厕所卫生和设施、遵守如厕秩序，养成良好行为习惯和文明举止等品德修养也是必不可少的内容。

（三）中班如厕活动目标、特点及教育策略

目　标	特　点	教育策略及注意事项
*知道及时排便对身体健康的好处 *学会自理大小便，学会擦屁股 *养成良好的个人卫生习惯。便后冲水并洗手 *具有性别意识，学会保护自己的隐私部位 *遵守如厕时的规则。在厕所大小便时，不推不挤，安静有序地如厕	*如厕时喜欢抢便池 *男孩小便时嬉戏打闹，不出卫生间 *逐渐学会自己整理衣服，但需要老师提醒 *由于下肢力量不足，大便时蹲不住，容易便在便池外面 *个别幼儿不喜欢在幼儿园大便	情况一：幼儿如厕时，个别幼儿观察别人 *与幼儿一起讨论要尊重他人，文明如厕 *借用《身体的秘密》图书，对幼儿开展性教育 *组织幼儿男女分开如厕 *在便池前安装一个小帘子 *对幼儿在如厕时的发现，如男女孩排便姿势为什么不同等问题，给予认真解答 情况二：部分幼儿浪费卫生纸 *引导幼儿学习正确使用卫生纸的方法，并在卫生间张贴使用卫生纸的方法图示 *为幼儿提供小方块的纸张 情况三：如厕时边走边脱裤子 *提示幼儿注意文明如厕，培养幼儿具有保护自己隐私的意识 *家园共育，引导家长在家里也注意教育幼儿 情况四：部分幼儿小便后不主动洗手 *引导幼儿讲卫生，了解如厕后洗手的重要性 *值日生或教师提醒 情况四：大便时蹲不住，容易便在便池外面 *创设适宜幼儿使用的厕所环境及设施，如安装扶手 *锻炼下肢肌肉力量 *大便时有意识地注意不要便溺在便池外 情况五：个别幼儿擦屁股有困难，不喜欢在幼儿园大便 *为幼儿营造宽松的精神环境，告诉幼儿有困难可以求助老师，老师可以教幼儿擦屁股的方法，对于确实有困难的幼儿，教师可以帮忙 *通过集体讨论、故事、儿歌等方法引导幼儿了解规律排便、不憋便的好处 情况六：个别幼儿不会整理衣服 *指导家长为幼儿提供易于穿脱的衣服 *提示幼儿检查自己的服装是否整理好

（续）

目　标	特　点	教育策略及注意事项
		*在厕所门口安装适宜的镜子，供幼儿对镜自查 *张贴整理衣服图示 情况七：如厕时喜欢抢便池；男孩小便时嬉戏打闹，不出卫生间 　*和幼儿一起讨论、制订如厕规则，并张贴在厕所墙面，引导幼儿学会自我保护，主动自觉遵守如厕规则，如人多时不拥挤，学会轮流，不在厕所打闹等 　*教师或值日生监督、提示

（四）中班如厕活动案例分享

案例一：大便与人体的秘密

《幼儿园教育指导纲要》健康领域中指出，培养幼儿正确的如厕习惯，逐步学会自理大小便是中班幼儿的目标。同时如厕也是幼儿园一日生活中的重要环节之一。如厕可以满足幼儿正常的排泄需要，通过如厕教育，可以帮助幼儿掌握正确的如厕方法，养成良好的习惯，进而提高幼儿的生活自理能力，帮助幼儿获得自信心和自主性。如厕对于成年人而言，是再简单不过的事情，但对于幼儿来说却是极大的挑战。

幼儿从小班升入中班，已经有了一定的排便习惯，但由于生活习惯、环境、每个孩子的生物钟不一样，有一小部分幼儿能很顺利，并定时在园中大便，有的幼儿虽然很少在园中大便，但有了便意也能去厕所，不憋便。当然也有少数幼儿有了便意宁可忍着，有时忍不住便在裤子里也不去厕所。

我班宽宽小朋友，在我的印象中，他升入中班后从来没有在园中大便过，但有几次忍不住便在裤子里了。记忆最深的一次，午饭时间，平时他都吃得很好，从不挑食。但这一天宽宽饭菜吃得很少，试了体温正常，观察并询问后得知肚子有些不舒服，我看了看他的小肚子，圆鼓鼓的，第一反应是有大便，但无论怎样让他去厕所试一试，他都不肯。没办法只好给揉一揉，他感觉好一些。午饭后很快就是午睡，这时的宽宽实在是躺不下，看他难受的样子，只好通知他妈妈来接，可就在等待过程中，宽宽真的是忍不住了，拉到了裤子里，宽宽坐在椅子上不说话，但臭味远远地传过来，我立刻知道发生了什么。看到孩子尴尬的表情，我没有批评、指责他，而是耐心地给他洗好，换上干净的衣服。我告诉他没关系，下次肚子再疼时，你可以先去蹲一下厕所，试一试，没有就起来，不要害怕。宽宽马上点了点头，但是我知道，这对宽宽有很大的挑战，并不是那么容易改变的。

看到憋便带给孩子的痛苦，我尝试通过绘本《今天你嗯嗯了吗》《咿呀呀上厕所》《小狗便便》，让孩子们了解大便没那么恐惧与可怕。通过提问："大便是什么？怎么形成的？"等引发孩子们了解大便。从了解开始，逐步消除孩子对在园大便的抵触。首先，从定义上，孩子们知道大便就是人身体的废物，当它在人的身体里面形成后，如果不及时排泄出来，人体的大肠就会继续吸收大便的水分、毒素，还会导致便秘。大便从形态上又分干便、软便、水一样的便便，正常的便便像香蕉的样子，颜色偏暗黄，表面光滑，软软的。便便就是我们身体健康的晴雨表，通过不同的形态以及颜色来告诉我们身体的健康情况。当你的便便是胖鼓鼓、硬硬的干便时，说明你上火了，需要多吃蔬菜、水果，多喝水；当你的便便是水一样的便便时，说明吃了不干净、变质的食物，需要认真洗手，洗食物，严重时还要去医院。

那么及时排出便便对我们有什么好处呢？

1.避免毒素积累。2.保持消化系统的规律。3.保护肠胃黏膜。4.减少肠胃的负担。5.维持内分泌系统的稳定。6.保护皮肤光鲜靓丽。

通过对便便的形成及形状颜色的认知，孩子们懂得了憋便的害处，知道有了大便要及时排出，不喜欢在园大便的孩子们在有了便意时也会去尝试了。

案例二：孩子，你会擦屁股吗？

《幼儿园教育指导纲要》中指出：家长与教师的有效合作，对幼儿身心发展、游戏水平以及学习能力都会产生积极而深远的影响。家长不仅是重要的教育资源，更是幼儿园教育的重要合作伙伴，只有家长参与幼儿教育，才能使幼儿真正健康成长。幼儿习惯的养成不只在幼儿园养成、巩固，家园共育是实现教育统一性的有效措施。在实施过程中，教师可以帮助家长树立正确的教育观念，通过有效的亲子游戏、引导方法改变家长的教育方式和态度，充分利用父母与孩子的亲密性，家园同步促进幼儿习惯的养成。

幼儿升入中班，在中班自理大小便的生活技能中，需要掌握擦屁股的方法。为了鼓励孩子对擦屁股技能的兴趣及积极地参与、学习，结合孩子们的兴趣，家园同步创设出擦屁股游戏活动，使幼儿在玩中学，在真游戏中学习本领并运用到生活中，促进幼儿自主性的发展。

孩子进入中班，老师在擦屁股能力的培养上，利用孩子们喜欢的巧虎作为"主角"，引发孩子们的兴趣，并利用儿歌和故事情节，将擦屁股的步骤做成步骤图，得到了孩子们的喜爱。尤其是每天午睡前按时大便的嘟嘟。他特别喜欢巧虎，自从巧虎"住"进盥洗室，嘟嘟大便时都会看着"擦屁股"的巧虎图，嘴巴里编着巧虎擦屁股的故事。起初三天，嘟嘟都只是看着巧虎图，大便后会叫老师帮助擦屁股。第四天，嘟嘟午睡前又去上厕所，他看到正在擦屁股的甜甜。嘟嘟指着巧虎图片说："不对不对，是先对折从前往后擦的。"甜甜看着巧虎尝试着说："我知道了，你别看着我。"嘟嘟笑着说："看我的！我擦屁股最棒，巧虎都教给我了。"只见嘟嘟撕了四格纸，对折擦了一次屁股。呀！粑粑弄到手上了。嘟嘟哭了。刘老师走过去，耐心指导，鼓励嘟嘟继续加油。晚上，老师与嘟嘟爸爸对嘟嘟大便擦屁股的方法进行沟通，还把"巧虎图"的照片传给了爸爸。嘟嘟爸爸很开心嘟嘟开始自己尝试擦屁股，表示这几天爸爸妈妈在家也教嘟嘟练习。

第二天，嘟嘟开心地来到班里，手里还多了两个粘在一起的气球。嘟嘟主动向老师问好，开心地说："李老师，我和爸爸做了个巧虎擦屁股儿歌，我想给小伙伴分享。"李老师开心地说："好呀！看来嘟嘟学会擦屁股了，期待你的分享。"嘟嘟点点头。区域时间，嘟嘟把粘连的两个气球放到椅子上，模仿着"巧虎"的声音说："大家好，我是巧虎，我带了一个小伙伴，是小屁股'肉球'。"小朋友哈哈大笑。嘟嘟也开心地笑着说："我有一张神奇的纸巾，看我变魔术，第一次对折，顺着小屁股中间的缝隙从前往后擦。对折把粑粑藏进去，再擦一次。好啦！"小伙伴看得很认真，纷纷举手想上来试一试。嘟嘟开心地模仿老师的样子说："我看看谁举手好看就让谁来玩。"小伙伴纷纷被嘟嘟请上来尝试。嘟嘟大便后擦屁股方法很棒，老师给予小奖状奖励，他开心极了。

（五）大班如厕活动目标、特点及教育策略

目　标	特　点	教育策略及教育策略
*养成自主如厕、定时大便的良好习惯，不憋便。在较长的集体活动前，能够主动如厕	*能够自主大小便，具有大小便自理能力 *喜欢结伴上厕所，喜欢在厕所聊天	情况一：幼儿在厕所聊天，不出来 *在不影响他人的情况下，允许幼儿在厕所适当的聊天，为幼儿创设宽松的精神氛围 *对于在厕所聊天不出来的幼儿给予提醒，引导幼儿具有时间观念，不影响后续活动

（续）

目　标	特　点	教育策略及教育策略
*养成便后冲水、洗手的习惯，能够独立将衣服整理好 *能够自理大小便，用正确的方法擦干净屁股 *具有性别意识，知道保护自己的隐私部位，男女分开如厕 *自觉遵守如厕规则，在厕所大小便时，不推不挤，安静有序地如厕 *文明如厕，便溺在便池中	*幼儿文明如厕的意识还较弱，如便在便池外，便后不冲厕所、不洗手等，需提醒	情况二：部分幼儿无冲厕所的意识，需提醒 *值日生提醒 *在便池旁边张贴"记得冲厕所"的图示 *从小班开始培养幼儿便后冲厕所的意识和良好行为 情况三：个别幼儿擦不干净屁股 *引导幼儿学习正确擦屁股的方法，多擦几遍 *家长在家不要包办代替，引导幼儿多加学习和练习，不要怕孩子擦不干净，养成睡前洗屁股的盥洗习惯 情况四：教学活动时经常会提出如厕的需要 引导幼儿在教学活动前，包括其他活动前，如吃饭前、睡前先如厕，再进行活动，以免影响活动的进行，也是为孩子幼小衔接做好准备

（六）大班如厕活动案例分享

案例一：按时大小便

对于大班幼儿来说，按时大小便中的"按时"有两层含义，一是在有便意时能及时去排便，不憋便；二是在幼小衔接中，能让孩子在适合的时间去大小便。

1.观察幼儿，发现问题。孩子刚从中班升到大班，老师和小朋友都不是很熟悉。我们老师会在平时生活中观察幼儿的行为表现。在观察中，我们发现，有一些幼儿有憋便的情况。如过渡环节是孩子的自由环节，没有孩子去小便和大便，而在过渡环节结束时，却有很多小朋友要去小便；区域活动和户外活动时也是同样的情况。经过分析，孩子们开始就有便意了，只不过贪玩一直憋着，在老师结束活动时他们才要去。如果大班孩子的这一习惯不及时纠正，上学之后就会发生下课时间使劲玩，上课时要去小便，或一节课一直憋着，影响听讲的情况。

2.掌握科学知识。让孩子养成某一习惯，不是强制性的训练，而是从丰富认知入手，让孩子从心底认可，产生"我要这样去做"的主动愿望。我和小朋友一起认识了"人体的消化系统"，知道了小便和大便的产生，知道大小便都是身体中的垃圾，要及时排出体外。

3.制订规则要求。大班的孩子，虽然自控能力有提高，但也需要外在的规则去要求他们。孩子们知道了按时大小便的重要性，同时我们也要制订规则。我们和孩子讨论，有一些小朋友明明知道要按时大小便，但总是憋着不去，在老师集合活动的时候才去，怎么办呢？孩子们纷纷表示我们制订规则，集合时要按时站队，不允许小便。

4.找出合适的时间。经过科学知识的学习和规则的要求，孩子们逐渐知道并能做到不憋便了。为了更好地做好幼小衔接，我们和孩子讨论什么时间去大小便最合适。孩子们开始说想去就去，什么时候都可以。有些孩子提出质疑，上课的时候、老师在组织集体活动的时候也能这样吗？会不会影响别人？后来经过商量，孩子们同意如厕还是要有一定的时间要求的，比如在过渡环节、区域活动、户外活动等自由活动时去如厕。于是我们请小朋友画出合适的"自主大小便"时间，把它布置到墙面环境中，起到提醒孩子的作用。接着，孩子们快要上小学了，课间十分钟应该怎么安排？孩子们顺理成章地把大小便时间安排到课间十分钟，孩子们上学之后，在课间十分钟时，会立即蹦出一个声音"按时大小便"。

5.个别指导。每个孩子都是不同的，我们不能简单地用好与不好去评价孩子。对于一些自控力很弱、不遵守规则的孩子，我们要进行个别指导。通过一系列的活动，大部分孩子已经能够在合适的时间按时大小便了，但个别孩子还是掌握不好。我们通过观察，有的孩子还是贪玩，老师就有意识地在适合的时间提醒他，经过一段时间的跟踪提醒，孩子能够自己主动大小便了。有些孩子小便很多，还容易尿裤子，是生理的问题。我们与家长沟通，建议及时就医，我们配合指导，孩子的情况也有好转了。

案例二：文明如厕　从我做起

生活礼仪主要包括服饰仪表礼仪、语言谈吐礼仪、行为举止礼仪、如厕礼仪等。幼儿每天活动最多的地方是家和幼儿园，因此，教师和家长要注意在日常生活中对幼儿进行礼仪教育。如厕礼仪就有很多，如男女分开如厕；如厕时，不跑不拥挤，要排队；卫生间不大声喧哗打闹；不随地大小便，将手纸扔进垃圾桶；如厕后主动冲水，等等。

如厕礼仪习惯的养成是一个循序渐进的过程，过渡环节就是一个良好的教育契机，教师可以利用过渡环节来沟通如厕的文明礼仪。

1.卫生间地上好多"水"。一段时间以来，我们总能闻到卫生间散发出来的刺鼻味道，地上还总是湿湿的，原来是孩子们尿在外面了。为什么孩子会便在便池外呢？经过一段时间的观察，我们发现，女孩子是因为蹲的位置出现了问题，而男孩子是因为玩耍，边尿边聊，才尿在外面或者溅洒在他人的脚上。我们对此问题与幼儿进行讨论，孩子们说要注意，不要尿到外面。可是卫生间依然会有味道。我们再一次与幼儿讨论，到底怎么样才能尿得准呢？经过协商，最后确定女孩子小便池加入小脚印的标志；而男孩子便池内添加"靶子瞄准器"，在小便的时候就不会尿在外面了。我们试了一段时间，确实地上没有那么多"水"出现了。

2.便后主动冲水。地上的"水"不见了，但小朋友集中如厕后，还是会有阵阵难闻的味道出现。这又是为什么呢？经过观察与分析，发现幼儿如厕后不能主动冲水，导致卫生间味道很大。针对这个问题，我们与孩子展开讨论。有的孩子说开窗通风，有的说值日生负责给小朋友冲水，还有的说开电风扇，有的说喷清新剂等。针对这些答案，我们试了试，并开展讨论。雨晴说："我做值日生不愿意帮别人冲厕所，觉得很脏。"昔语说："对，应该自己的事情自己做。"喷清新剂的方法被王正一小朋友给否定了，他说："我的妈妈有了小宝宝，爸爸不让妈妈在家喷香香的东西，说有毒，所以我觉得清新剂也有毒，对我们的身体不好。"那到底怎么办呢？孩子们继续思考这个问题。最后冠城小朋友说："谁上完厕所谁冲水，值日生监督，如果他没有冲干净，值日生就要求他重新冲水。"其他小朋友都说："这个主意好！"一段时间后，我们跟孩子讨论结果，发言权在值日生，孩子们都说，现在小朋友基本都能主动冲水了，只有个别小朋友需要提醒。刺鼻难闻的味道渐渐地变小了。

虽然如厕是一件小事，但是从细微处入手，养成良好的卫生习惯十分重要，小朋友不但自己要讲究卫生，还要争当卫生监督员，共同维护好我们身边的卫生环境，人人讲卫生，养成讲卫生的好习惯。这也是社会文明的表现。

案例三：我来做准备

由幼儿园过渡到小学是每个孩子一生中重要的一步，大班幼儿马上就要上小学了，就需要在课前如厕，事前做好准备。这不仅有利于孩子的身体健康，而且也是一个良好的做事习惯。

记得有一次集体活动，还没到十分钟呢，有的孩子就开始去小便，还有的要大便，等到这几个孩子从厕所回来，其他幼儿已经分好小组开始活动了，他们回来后显得有些茫然，老师又重新给他们解释了一下这个活动，他们才参与进去。

还有一次户外活动前，老师提醒了幼儿如厕，但还是有幼儿觉得没有便意，不想去，可是刚玩了不到十分钟就有几名幼儿要求去小便，等到他们从厕所回来，老师都已经开始带小朋友做游戏了，耽误了他们玩的时间。

针对上面这两种情况，我们组织幼儿进行了讨论，如何做到在集体活动前如厕，做好准备？孩子们畅所欲言，有的孩子说："要去厕所试一试。"有的孩子说："每次上课前都要去厕所。"还有的孩子说："要每天早上起来就去厕所大便，这样对身体好。"……

我们和孩子们一起了解了定时大便的好处，并且一起商量决定，每次集体活动前，老师会给小朋友一个提示，并且给他们自由活动的时间，小朋友要自主安排好时间去如厕，并做好活动前的其他准备。刚开始，还是有幼儿贪玩忘记了如厕，但是慢慢地，孩子们就养成了习惯，能够充分地利用好活动前的过渡环节时间，集体活动时再也没有幼儿去大小便。

养成良好的排便习惯，对幼儿的学习和生活大有裨益，有利于他们尽快适应小学的学习生活。

案例四：排便与健康

幼儿的大便是每位家长关心的问题之一，孩子每次拉完大便，家长永远都不会嫌脏，必定要瞪大眼睛，扩展鼻翼，看一看，闻一下，并萌发各种各样的疑问：稠？稀？颜色？泡沫？黏液？血丝？酸臭？每天次数？等等，如果有什么异常，全家便开始担心了。从小开始，孩子的吃喝拉撒睡都是我们需要攻克的问题，养成健康排便的习惯也是十分重要的。如果能够培养起健康的生活习惯，则有助于幼儿机体的发育。从婴儿第4个月开始，家长可以先进行观察了，去了解、归纳幼儿的身体习惯，培养幼儿按时排便的习惯。

我们班有位活泼可爱的小男孩，他升入大班后，孩子的爸爸就经常询问我孩子大便的情况，我也很好奇孩子爸爸为什么对孩子的大便这么关注。通过交谈和了解，孩子的爸爸告诉我，孩子经常不愿意在幼儿园大便，回家也是憋到不行了才去大便，长此以往，孩子经常憋便，导致孩子肠套叠，于是进行了手术治疗。治疗后，孩子的家长非常担心孩子的身体，孩子只要有不舒服，马上就会带孩子去医院检查，家长变得非常焦虑。他们很希望老师能够多关注孩子的排便，能够经常提醒孩子去排便。

我很理解家长的心情，也很愿意帮助家长解决孩子排便的问题。于是我先观察孩子为什么不愿意排便，老师提醒时，他就说没有大便，我突然发现孩子是怕耽误自己和小朋友游戏，就一直憋着，还观察到当孩子大便的时候，只要旁边有其他小朋友，他就会很紧张，不愿意排便了。

通过一段时间的观察，我想到了一些解决方法，开始尝试帮助孩子。我先和孩子商量："你怕耽误自己玩的时间，我们可不可以把大便时间放在中午午睡时，和早上在家没来幼儿园的时候？"他表示，不愿意在中午大便，他怕有小朋友看他，他会很紧张。我说："那等小朋友中午都上床了，不去大便了，我悄悄地告诉你，你再去好不好？"他同意了。我们还制作了表格，记录了每天是否大便，我们也会及时告知家长孩子的大便情况。为了保护孩子的隐私，我们会把记录表单独放起来。每当孩子大便后，他会悄悄地告诉我，我会在他的记录表上奖励他一个小贴画。孩子从开始需要老师提醒，慢慢地变成自己主动去大便了；从害怕和小朋友一起大便，慢慢开始接受和自己的好朋友一起大便了。在大班下学期，孩子慢慢可以有便意自己去如厕。看到孩子的变化，我们很欣喜，也在默默地观察着他的变化。孩子的爸爸妈妈也很欣喜孩子的变化，不再那么焦虑了。良好的排便习惯为孩子的身体健康带来了很多的好处。

对于一位幼儿园老师来说，帮助孩子养成良好的生活习惯是我们的职责所在，也是我们要努力实现的教育目标。虽然我们不是医生，但通过书籍和网络可以了解到很多关于幼儿生活习惯与身体健康的知识。了解孩子的生理、心理特点，教育、帮助孩子从小养成有利于健康的生活习惯，会使孩子们终身受益。

七、午睡活动

在幼儿园一日活动流程的生活活动环节中，有一个承上启下的重要环节，那就是午睡。《幼儿园教育指导纲要》指出：幼儿园必须把保护幼儿的生命和促进幼儿的健康放在首位。睡眠除了具有调节幼儿正常的生理机能的作用外，对幼儿的生长发育也是至关重要的。让幼儿养成良好的午睡习惯，对幼儿身心健康具有重要的作用，也是我们幼儿教师日常工作的重要内容。

午睡对幼儿来说是不可缺少的，它可以帮助幼儿消除一上午幼儿园生活所带来的疲劳，让幼儿的大脑及身体各部位得到充分的休息，又可以让幼儿养精蓄锐，为下午的幼儿园生活学习积蓄能量。

午睡活动总目标：独立安静睡眠，早睡早起，无不良睡眠习惯。

（一）小班午睡活动目标、特点及教育策略

目　标	特　点	教育策略及注意事项
*初步知道睡眠对健康成长的重要性，能逐步适应幼儿园的睡眠环境	*新生入园初期，入睡前比较焦虑紧张	*做好睡前卧室环境的准备工作，空气清新、温度适宜、光线柔和 *入睡前可以放一些温馨的音乐或故事，转移幼儿的注意力，帮助幼儿缓解焦虑情绪 *因为天气热，孩子难以入睡。适当开空调或者风扇降温（根据幼儿园空调使用制度，不可设定温度过低或使用时间过长；风扇不能直吹幼儿）。照顾幼儿午睡时，观察一下是否有阳光照到幼儿，拉好窗帘，避免太强的光线影响幼儿睡眠（包括灯光）
*遵守简单的活动规则，不做危险动作	*小班幼儿安全自护能力有限	*建立简单的午睡活动规则。如午睡前，老师要明确要求，帮助幼儿将枕头、被子放好。要求幼儿坐在床边放好拖鞋，上床，拉过被子躺好。分离焦虑后，可教幼儿学习铺床，把枕头放平，被子拉开，被角掀起。从下学期开始，教幼儿学习铺床。把枕头放平，被子拉开，被角掀起。幼儿午睡起床后，下床，老师教幼儿将自己的被子翻开散味，2~3分钟后，老师将幼儿的床铺整理整齐 *关注幼儿的健康与安全。如注意照顾幼儿上下床，教育幼儿不要站在床上，以免发生危险。要求幼儿不能面对面睡，要一组一个方向，有利于预防传染病等
*尊重幼儿的个体差异，逐步引导幼儿养成独立、安静的睡眠习惯	*由于原生家庭养育方式不同，个别幼儿没有养成午睡习惯	*温柔而坚决地要求和照料幼儿午睡，培养幼儿逐渐养成午睡习惯，但杜绝采用恐吓的方式让孩子睡觉。尤其禁止蒙幼儿头、罚站等体罚幼儿的情况 家园共育：个别幼儿没有午睡习惯，或午睡时间与幼儿园不一致的，要与家长进行沟通，争取家长的配合。家园一致，引导幼儿早睡早起，按时入园，周末休息时，在家也要培养幼儿午睡的

（续）

目　标	特　点	教育策略及注意事项
		习惯。个别幼儿由于个体差异，确实精力比较旺盛，午睡比较困难，老师教育引导幼儿先从躺下休息开始。在不影响幼儿健康和不影响其他幼儿午睡的情况下，不要勉强幼儿午睡。要求幼儿安静躺下休息，最好能帮助幼儿入睡，保证30分钟左右睡眠即可
*尊重幼儿个体差异，照顾幼儿午睡	*有孩子起床困难，有"起床气"	*值午睡的教师可以提前五分钟，通过抚摸、叫孩子名字，让孩子慢慢从睡眠状态清醒过来 *有的孩子是因为入睡困难，入睡比较晚，如果条件允许，可以在适应期允许孩子多睡一会儿。如果不允许，教师也可以采用提前叫他醒一醒的方法，以免孩子因此闹"起床气"。第二天午睡时，教师最好能先拍哄这样的小朋友入睡，以保证他所需要的睡眠时间
	*午睡时频繁要求小便	*幼儿尿路较短，容易有便意；教师要理解幼儿的生理需要，在培养孩子睡前如厕习惯的基础上，照顾好午睡期间要如厕的幼儿 小班幼儿刚入园，可能会因为精神紧张而产生便意。教师应理解幼儿的情绪，营造宽松的心理氛围，缓解孩子的心理压力 孩子有可能因为尿道感染产生尿频，但每次没有尿或尿很少，尿道口发红。教师应及时与家长沟通，建议家长带幼儿就医 也有小朋友因为躺着无聊，到厕所溜达，并没有尿。有以上情况的，教师可以要求幼儿睡醒后再去小便，采用拍哄等方法帮助幼儿安定情绪，进行午睡
	*有一位小朋友要上厕所，其他小朋友也要去	*学期初，教师不太了解幼儿的如厕习惯，要允许幼儿去小便，但幼儿园一般中午只有一位教师值午睡，孩子们一起去厕所，容易由于教师照看不到而发生危险。教师可允许幼儿一个一个去小便，这样卫生间只有一位小朋友，不会因推挤在卫生间发生危险，而且小朋友也不会因为聊天等造成如厕时间过长，影响午睡。午睡下床小便，要求幼儿动作轻些，以免影响其他小朋友午睡

（续）

目　标	特　点	教育策略及注意事项
*尊重幼儿个体差异，照顾幼儿午睡	*个别幼儿会出现遗尿（尿床）的情况	*教师发现后，及时帮孩子脱掉尿湿的衣服，换上干净衣服，撤掉尿湿的小尿垫（要求刚入园的小朋友准备小尿垫铺在褥子上）让孩子躺好，如果时间允许，还可以继续休息 　发现幼儿有尿床的习惯，教师要注意定时叫幼儿起床小便 　幼儿尿床很正常，教师要温柔地对待孩子，不要训斥，以免幼儿因紧张造成入睡困难或频繁要求如厕等问题
*纠正幼儿不良睡眠习惯，如蒙头睡、含奶头、咬被角、吮手指、摸耳朵、摸生殖器等	*分离焦虑期，幼儿会要求带自己的玩具、小被子等安慰物上床 　*分离焦虑期后，小朋友在睡觉时会出现玩被角、拆枕巾、吃手指、玩弄生殖器等不良睡眠行为	*当幼儿出现恋物、黏人、自慰、爱哭泣、捣乱等心理行为问题时，教师应该请教心理老师或学习相关的心理知识，正确认识孩子这些行为出现的原因，给予科学的引导教育。杜绝采用恐吓、威胁的方式纠正孩子的行为问题 *理解幼儿的焦虑情绪，可以在一段时间内允许幼儿带安慰物上床，以安抚幼儿情绪 *教师安抚幼儿情绪，转移幼儿注意力，引导幼儿尽快入睡 *家园共育：可以引导家长用听故事、轻拍、哄劝等方法安抚幼儿情绪，转移注意力；还可采用加大运动量的方法，使幼儿睡眠更好；要求幼儿入睡前将小手放在身体两边或放松相握，逐渐改掉吃手指的习惯
*逐步学会脱、叠衣裤和鞋袜，把衣裤、鞋袜放在固定的地方，促进幼儿自理能力的提高	*由于小班幼儿小手肌肉力量弱，因此，小班幼儿比较依赖成人的帮助，不能完全自理	*小班幼儿自理能力较弱，需要教师多教，多提示，同时要给予孩子更多的生活照顾，并携手家长提高幼儿的生活自理能力 *通过提要求、表扬、鼓励等正面教育方式，鼓励幼儿积极动手自理，让孩子知道在幼儿园要学会自己穿脱衣服、鞋袜。先不要管孩子做得好不好，只要能自己动手，教师都要热情地点赞，先使幼儿有自己穿衣服的兴趣和积极性 *孩子不会自理，教师可以通过示范、图示、小儿歌等方法，帮助幼儿知道穿脱衣服、鞋袜的方法。并在日常起床环节中，积极鼓励小朋友动

（续）

目　标	特　点	教育策略及注意事项
*逐步学会脱、叠衣裤和鞋袜，把衣裤、鞋袜放在固定的地方，促进幼儿自理能力的提高	*由于小班幼儿小手肌肉力量弱，因此，小班幼儿比较依赖成人的帮助，不能完全自理	手实践，耐心地帮助小朋友逐渐掌握穿、脱衣服等的方法。先不要管孩子穿得快慢，只要孩子积极动手尝试，教师就要表扬、鼓励。穿袜子、将秋裤口塞到袜子里等行为对于小班幼儿来说比较难掌握，教师还需要耐心地帮助 　*家园共育：将穿衣服的视频及儿歌分享给家长，请家长在家不要包办代替，也按同样的方法慢慢教孩子练习，掌握穿衣服的方法

　　小班幼儿年龄小，有些事情不会做、做不好是十分正常的。教师和家长要了解孩子的年龄特点，不要抱有过高期待和要求，要鼓励孩子积极动手。小班幼儿自理能力较弱，需要老师多教，多提示，还要适当给予帮助。对于个别有特殊需要的孩子，还应给予更多的生活照顾。在家园共育方面，一定要想办法发挥家长的作用，携手家长提高幼儿的生活自理能力。

（二）小班午睡活动案例分享

案例一：老师，我要上厕所

　　培养幼儿睡前小便的习惯对于保证幼儿的睡眠质量来说是很重要的。如果睡前没有小便，孩子就会睡不安稳，甚至尿床。而频繁地如厕，还会使孩子着凉感冒，所以中午睡觉前组织孩子们去小便已经成为一种习惯。

　　我们班中有不少孩子刚上床躺下后不久，就要求如厕小便，老师为了防止他尿床只能让他去小便，随后就会有好几个甚至更多的孩子去小便。有的小朋友躺在床上睡不着，想溜达，也想去逛一圈，其实到卫生间也没有小便；有的小朋友是睡觉前没去小便，上床后又有了便意。

　　针对这一问题，我们采取了以下措施：

　　1.午餐后，设置散步环节。避免幼儿吃完饭就脱衣上床，必然会有许多孩子脱完衣服后会产生便意。

　　2.幼儿脱衣睡觉前，保证每一位小朋友都要先如厕。避免有的孩子当时没有便意，去厕所逛一圈就出去了，脱衣上床后又要起来如厕，这样既容易着凉，又影响其他小朋友安静睡眠。

3.上床后，有幼儿有便意确实要如厕的，老师引导幼儿轻轻下床，天凉时，穿上外衣去如厕，不要为了影响安静的睡眠氛围，不允许幼儿如厕。

4.由于值午睡时总是一位老师，老师有时不会跟着到卫生间照顾幼儿如厕，如果老师请两位或以上小朋友同时如厕，他们很喜欢在卫生间里聊天、玩闹，容易出现危险，也容易兴奋起来影响午睡。因此，老师最好请小朋友一个一个去如厕，一个回来再请另一个去如厕。

案例二：如何组织小班幼儿午睡

如何让幼儿安静入睡？个别幼儿不午睡，我们应该怎么做？午睡起床后，教师应该如何管理？幼儿园必须通过多种有效的策略，鼓励幼儿每天按时睡觉，逐渐让孩子养成良好的睡眠习惯，充分发挥午睡环节在幼儿自身成长和发展中的特殊作用。优化幼儿的午睡环节，主要从以下几方面入手。

1.播放轻音乐或故事。为了让孩子安静下来，感受午睡中轻松的氛围，教师可以选择轻松、舒缓的歌曲建立午睡歌曲库。每天在午睡前十分钟播放，请最早躺下的幼儿闭上小眼睛听，不发出声音。帮助幼儿舒缓紧张情绪，使幼儿逐渐安静下来。这比"严厉地要求"幼儿安静，不许出声，更有利于改善幼儿午睡时的情绪。由原来的不情愿、被迫消极午睡状态，逐渐转变成"我要睡觉了"的积极状态。

2.游戏鼓励促睡眠。游戏是幼儿最喜欢的活动。适宜的游戏可以帮助幼儿在快乐的游戏中安然入睡。如游戏"木头人"的小比赛，看谁坚持的时间长，谁就是最棒的"木头人"。让午睡过程游戏化，孩子们就会安静愉快地进入睡眠。

3.精神催眠。即精神奖励，它不仅仅是一种奖励，更多的是一种价值观的体现和塑造，是以责任感、荣耀感、集体荣誉、成就感、自主选择、获得更多的自由自主来驱动孩子，帮助孩子建立内在的驱动力。在午睡管理中，教师和幼儿一起约定适合本班幼儿年龄特点的奖励机制，幼儿可以自主选择喜欢的奖励方式。如"为大家拍照""起床后老师奖励小贴画、小红花、图画书"等，帮助幼儿逐渐养成良好的午睡习惯。

4.家园配合。良好的睡眠习惯不是在一个小时或几天之内就能养成的，它是一个长期而反复变化的过程。"家庭是习惯的学校"，所以家长的配合也是非常重要的。教师要帮助家长了解午睡对于幼儿身心健康、生长发育的重要作用，引导家长配合幼儿园帮助幼儿养成午睡的习惯，家园共育培养幼儿安静独立等良好的睡眠习惯。

5.榜样助眠。榜样法是指对个别幼儿正确的行为表现及时给予肯定和表扬，巩固其良好行为习惯的教育方法。这是幼儿园教育方法中最常用的一种有效方法。教师要细致发现孩子的闪光点，及时表扬，为其他幼儿树立良好的榜样，激发他们的主动性，如"贝贝小朋友动作真快！已经藏好小手，闭上眼睛准备睡觉了。老师真喜欢他。"榜样的树立可以让幼儿获得正面强化并使其固化下来，逐渐养成行为习惯。

6.自我管理保秩序。午睡起床后，幼儿都要进行整理、盥洗等环节，然而由于个体差异，幼儿起床后的表现大不相同。面对起床后表现不一的幼儿，教师要考虑如何满足他们的不同需要。在日常生活教育中遵循循序渐进的原则，根据幼儿现阶段的自理水平、个体差异，对幼儿起床后的活动给予适当的调整。如当有的幼儿穿不上衣服时，有的幼儿穿衣服很慢时，有的孩子不想起床时……在理解和接纳幼儿的情况下，给予幼儿个性化的支持、帮助和鼓励，逐渐促进幼儿自我管理能力的提高，保护与锻炼并重，为后续睡眠习惯和自理能力的培养奠定基础。

（三）中班午睡活动目标、特点及教育策略

目 标	特 点	教育策略及注意事项
*了解睡眠对人体健康的重要性	*个别幼儿没有养成良好的午睡习惯，入睡比较困难	*引导幼儿了解睡觉与人体健康的关系。知道睡觉的时候大脑也在休息。如果大脑休息不好，下午小朋友会没精神、记不住事情，有的小朋友太困了，还会摔跟头等。帮助幼儿产生主动午睡的意愿 *与家长沟通，幼儿园的小朋友需要午睡时间，有利于幼儿健康，希望在周末、假日等也要求幼儿午睡一会儿，这样也有利于午睡习惯的养成
*遵守午睡活动规则，有一定的自控能力，不做危险动作，不打扰他人	*在教师的引导和帮助下，幼儿可以掌握午睡活动程序和规则。中班初期的小朋友有时记不住，需要老师提醒	*通过讨论，共同制订规则，通过游戏、图示等方法帮助幼儿记住午睡前要做的事情，如午餐后要刷牙、散步、拿拖鞋，女孩子解头绳、如厕、脱衣服等。教师通过表扬、鼓励帮助幼儿积极主动记忆，针对个别记不住的孩子，进行有针对性的提示和帮助 *创设环境，帮助幼儿记忆。如盛女孩子头绳的小托盘放在显眼的地方，作为提示

（续）

目　标	特　点	教育策略及注意事项
*做事有序，认真专注，不磨蹭	*午睡前准备时间一般都在10分钟左右，有的小朋友做事不专心或比较慢，出现磨蹭的情况	*采用小沙漏、计时器、固定的音乐等方式，帮助幼儿感知时间，建立时间观念。知道应该抓紧时间，在固定的时间内完成任务 *根据幼儿的情况，教师可以确定不同的时长，如刚开学时，可以定时15分钟，如果孩子能做到，再挑战更短的时间。如"昨天小朋友用了15分钟都上床躺好了，今天我们挑战一下13分钟都上床，好不好？" *值日生参与"管理"是提高幼儿做事主动性和速度的策略之一。与小朋友讨论午睡前值日生的职责，请值日生完成"记时"和"检查幼儿是否叠放衣物""摆放好拖鞋"的任务 *尤其是中班初期，有些小朋友由于小手肌肉力量弱，以及个别家长仍然包办代替等原因，幼儿还不能熟练地掌握脱衣服的方法或脱衣服时较慢。针对这种情况，教师要与家长沟通，多带领孩子练习。另外，可以针对个别小朋友做时间记录，用小贴画、小奖状等鼓励他的努力和进步
*尊重幼儿的个体差异，培养幼儿良好睡眠习惯，能够情绪愉快地独立入睡，纠正幼儿不良的睡眠习惯	*躺在床上感觉无聊，会出现自言自语、抠鼻孔、啃床边、拆枕巾、咬被角等情况；有的孩子自己不睡，还故意出声、在床上翻腾，影响其他小朋友午睡；还有的孩子会出现吃手指、玩弄生殖器、频繁要求上厕所等问题 *个别幼儿的睡姿不利于健康，有蒙头睡、趴着睡的	*教师用提要求、表扬、鼓励等正面教育方法，帮助幼儿逐渐提高自控能力，培养良好的睡眠习惯，不要采用威胁、体罚等方法强迫幼儿午睡 *尊重幼儿个体差异。如为个别幼儿准备一个眼罩，或许他在家里睡眠环境较暗；中班初期可以采用轻轻拍哄等方法，帮助幼儿安静下来；有个别幼儿精力旺盛，教师让他尽量休息一会儿，只要他不打扰别人，不需要强迫他午睡 *对于感到无聊而啃床边、拆枕巾的小朋友，教师可以强调正确的睡姿，要求手放在外面、不要动。帮助幼儿尽快安静下来，进入睡眠。通过观察了解幼儿如厕规律，及时满足幼儿如厕需要，允许幼儿按规则一个一个如厕，轻轻地，不要打扰别人 *家园共育，培养幼儿按时睡觉、起床的良好习惯。养成早睡早起的好习惯。年轻父母每晚要定时上床睡觉，否则孩子将养成同家长一样的睡眠习惯，导致孩子睡眠不足，影响健康。培养幼儿独立、安静入睡的习惯与能力。纠正幼儿不良的睡眠习惯。不良习惯一旦养成，很难纠正，家长要坚持

（续）

目　标	特　点	教育策略及注意事项
*独立穿脱衣服和鞋袜，并能将脱下的衣服整理好，初步学习整理床铺（从整理枕巾开始） （中班午睡前的准备环节，突出主动和快速两个重点）	*起床环节时间比较紧张，起床、穿衣、吃午点，一般要在半小时左右完成，才不会影响下午的活动。中班，尤其中班上学期，幼儿做事速度较慢，个别幼儿还需要教师催促和帮助才能赶上节奏	*值午睡的教师可以提前五分钟放音乐或故事，让小朋友先醒一醒。带班教师上班前给孩子提要求，用定时器鼓励幼儿快快做事的积极性。还可以来个小比赛，帮助幼儿集中注意力，专注做事 *有的幼儿没有记住穿衣的顺序，穿衣过程中一会儿拿上衣，放下又拿裤子，也会耽误时间。教师可通过游戏、图示等方法，帮助幼儿记住穿衣顺序，有序做事，形成规律，有利于提高做事的专注度和速度（也可以采用"与小定时器比赛"的方法） *中班初期，幼儿的小手肌肉力量还比较弱，穿较厚的衣服时比较费劲，又影响速度 *个别幼儿由于家长包办代替，依赖性强，懒得自己穿。教师要通过提要求，让孩子知道应该自己穿。与家长沟通，放手锻炼，帮助幼儿提高生活自理能力

中班幼儿介于小班和大班之间，具有独特的年龄特点。较小班幼儿来讲，中班幼儿有自主生活的需要，更愿意自己做事，而且还十分自信，甚至自负，做不好也不愿意让老师说，和小朋友比赛输不起等，这说明幼儿的自理能力、自我认识还达不到大班幼儿的水平。

说得再形象化一点，中班的孩子特别像"青春期"的孩子，既要"闹独立"，又缺乏"独立"的能力；自尊心强，不愿意让教师说，不愿意输给小伙伴，但又需要教师和同伴的帮助；如果被"批评"了，"输"了，自信心又会被大大挫伤。因此，中班教师不要"怕"孩子在成长的过程中产生"负面情绪"（发脾气），而要在了解中班幼儿年龄特点和心理需求的基础上，给予幼儿适当的自主活动的空间和条件，给予适宜的鼓励、支持、帮助和引导。当幼儿产生负面情绪时，或发现幼儿行为问题后，要给孩子一个自主思考的过程和时间，帮助幼儿梳理他的经验，针对个别孩子要有记录，对于孩子的进步，教师做到心中有数，并及时给予肯定和鼓励。经过中班，幼儿的自理能力、自主意识和自我认识都会有长足的进步。

（四）中班午睡活动案例分享

案例：照顾幼儿午睡

午睡是幼儿园生活中的一个活动环节。根据幼儿的生理年龄特点，午睡是有益于幼儿身心发展的。从医学保健角度分析，幼儿睡眠时，身体各部位、神经系统都在进行调节，营养和能量的消耗最少，有利于消除疲劳。内分泌系统释放的生长激素比平时增加3倍。所以，睡眠好坏直接影响幼儿的生长发育、身体健康和学习情况。

1.创设适宜的午睡环境。安静舒适的睡眠环境有利于幼儿午睡，让幼儿在舒适的环境中进入睡眠状态。

（1）光线要适宜。如要拉好窗帘，保持卧室适宜的光线，注意避免灯光刺眼。

（2）空气要新鲜。温度适宜时，要保持寝室通风。幼儿入睡后，在离孩子小床稍远处开一扇小窗，也可以保持幼儿午睡时寝室的空气新鲜，有利于幼儿健康。

（3）播放乐曲助眠。在午睡中播放优美、舒缓的乐曲。让孩子们躺在小床上，倾听着优美的音乐，教师对一些难以入睡的孩子进行安抚，帮助孩子进入梦乡。

2.做好午睡前活动的指导。幼儿园午餐后至午睡前这段时间往往是师生都比较忙乱的环节，我在指导午睡活动中本着"以静为主，动静交替"的原则，既避免剧烈的运动，又减少幼儿的消极等待。

（1）组织幼儿午餐后散步。餐后，我们组织幼儿排着队在楼道内进行散步活动，这样不仅可以使幼儿的心情平静下来，而且可以使幼儿得到更好的消化。我们在楼道内设有作品区，幼儿可以在走线时参观一下每位小朋友的作品。夏天的时候也可以到院子里散步，呼吸新鲜空气，让孩子们观察花草树木的变化，互相谈一谈自己看到的、听到的，让孩子们在大自然的怀抱里享受无穷的乐趣。睡前在户外散步，大脑会更清醒，心情会更舒畅，吐故纳新的结果会缩短初睡至熟睡的过程，这对幼儿是有益的。

（2）组织幼儿自主做好睡前准备。饭后组织幼儿自主完成睡前的准备事项，如漱口、自主如厕、取换拖鞋、脱叠衣服、铺床、上床躺下等。教师提出具体的活动规则、给予及时的提示，鼓励幼儿自己的事情自己做，专注认真、有序、不磨蹭，通过日复一日耐心地培养，中班下学期，大多数小朋友都能自主地完成睡前准备，做事速度明显加快，自理能力明显提高。

（3）幼儿睡前安全午检。在幼儿园里，应始终把幼儿的安全放在日常生活中的首要地位。午班老师仔细检查幼儿是否带有小棒、玻璃、扣子、颗粒玩具以及有尖角刀刃的危险品午睡，女孩子尽量不夹发夹，以免玩耍吞入气管或肺内，应暂时"没收"孩子午睡期间玩的物品；观察幼儿的神态有无异常，摸摸幼儿额头的温度，询问幼儿是否有不适或受伤，发现问题及时处理。

（4）安抚幼儿的情绪。幼儿在午睡前不做激烈的运动，幼儿上床后，会给孩子放故事录音或舒缓的乐曲，吸引幼儿的注意力，帮助幼儿安定、平稳情绪，为安静午睡做好准备。

3.午睡活动中的巡检、护理。

（1）幼儿午睡时，教师必须巡回检查，做到腿勤手勤，每隔20分钟全面检查一次，为幼儿盖被子，纠正幼儿不正确的睡姿等。

（2）教师应熟悉本班幼儿的睡眠情况，在午睡期间，仔细观察每个幼儿，做到眼勤，如遇到个别幼儿不睡或难入睡时，寻找原因，用心去体会，采取不一样的方法，耐心地劝说，不要大声训斥不入睡的幼儿，因为越训斥他，他越紧张，越睡不着。对睡不着的幼儿，只要他不妨碍别人，不要强迫他睡觉。

（3）纠正幼儿午睡时的不正确行为。多关注幼儿的午睡情况，关注睡着的幼儿姿势是否正确，有没有蒙头睡、趴着睡、踢掉被子的、张着口打呼噜的，发现后及时纠正他们的不良睡姿；个别幼儿上床后有挖鼻子、耳朵的动作及吮吸手指、咬指头的习惯，教师要经常给予提醒，及时改正不正确的行为，提高睡眠质量。教师在纠正幼儿不良睡姿时，应做到动作轻柔，避免弄醒幼儿。

（五）大班午睡活动目标、特点及教育策略

目 标	特 点	教育策略及注意事项
*知道睡眠能够缓解疲劳，并能促进身体生长，能够主动休息	*个别大班幼儿未养成午睡习惯，精力旺盛，午睡十分困难	*引导幼儿了解睡觉与人体健康的关系。引导幼儿知道中午要让大脑休息一会儿，有利于下午的学习和活动。为了幼小衔接工作，教师根据幼儿的个体差异，培养幼儿午休的习惯，可以不睡午觉，但是要好好休息，在休息时保持安静，不打扰别人

（续）

目　标	特　点	教育策略及注意事项
*了解健康的睡眠姿势，不趴睡，不摸生殖器，不咬被角，不吃手，不玩枕巾，养成良好的睡眠习惯	*个别大班幼儿已经养成了不良的睡眠习惯，再加上精力旺盛，入睡困难，更容易产生行为问题	*引导幼儿了解不良习惯影响人体健康，采取科学的方法循序渐进地帮助幼儿纠正不良的睡眠习惯 *根据个体差异帮助幼儿纠正不良习惯。如提高幼儿运动量；家园共育，引导幼儿早睡早起，按时午休等
*遵守规则，能控制自己的行为，不吵闹，在睡不着的情况下不影响他人	*个别幼儿会看人下菜碟，遇到要求不严格的老师，就会钻空子，不午睡了	*班长要根据午睡老师的不同特点来进行相关的沟通，第一，帮助午睡老师缓解值午睡的压力，孩子只要在遵守规则的情况下，不睡觉也是可以的。第二，对于缺乏值午睡经验的教师，班长要多与她沟通，引导教师学习值午睡的方法
	*睡前不主动如厕，刚上床又提出如厕要求	*利用过渡环节讨论为什么要午睡前上厕所，知道不如厕会影响睡眠质量，并鼓励幼儿尝试睡前如厕。提示、鼓励幼儿散步之后自主去厕所，养成散步后自主去厕所的好习惯。引导幼儿相互提醒，睡前和同伴一起去如厕。家园共育，帮助幼儿养成睡前如厕的好习惯 个别幼儿实在没有尿意，不必强求幼儿上厕所；对于去过了还想去小便的小朋友，教师可以引导幼儿自己轻轻去，不打扰别的小朋友午睡 *孩子有交流的需要。散步时可以允许幼儿小声地交流。当幼儿出现大声喧哗打闹的情况时，与幼儿一起讨论散步时的规则，针对能够遵守规则的幼儿，及时给予鼓励和肯定，并引导没有遵守规则的小朋友向遵守规则的小朋友学习。在保证安全的情况下，大班后期可组织幼儿进行"自主散步"

（续）

目　标	特　点	教育策略及注意事项
*遵守规则，能控制自己的行为，不吵闹，在睡不着的情况下不影响他人	*幼儿上床后，不能自己盖好被子睡觉，需要教师提醒	*幼儿过于兴奋，教师可利用故事和轻音乐，引导幼儿尽快平静下来，做好睡前准备 *引导幼儿学会盖被子，了解不盖被子睡觉对身体的危害 *利用正面鼓励和奖励的方法进行引导，如"看看苗苗小朋友，已经把自己的被子盖好了。" *如果天气过热，允许个别幼儿可以不用完全盖好被子，只要盖上自己的小肚皮即可
*学会脱叠衣服，睡前、睡后整理床铺等生活技能，进一步提高自理能力 （大班幼儿的培养重点在于做事的速度和质量，即又好又快）	*幼儿脱衣服时聊天较多，比较拖拉	*引导幼儿自己制订脱衣服的规则，引导幼儿学习看钟表（分针的位置），培养幼儿的时间观念，也可以利用定时器引导幼儿抓紧时间脱衣服 *引导幼儿讨论怎样脱衣服、叠放衣服比较合理，才能又好又快。与幼儿一起营造良好的氛围，引导幼儿理解认真有序地做事 *教师可以引导幼儿创造性地脱叠衣服，找到更适合、更巧妙的方法
	*大班幼儿会脱叠衣服，但是比较随意。有时脱衣服顺序不太合理，影响了做事的速度。叠放衣服不认真，使全班小朋友的衣服叠放得不整齐 *大班幼儿在教师的引导下学习自己铺床、上床，但个别幼儿上床铺床的顺序不合理，导致被子乱了，上床时需要站在床上，容易出现危险	*引导幼儿观看相关视频，引导幼儿讨论，并了解上床铺床的正确顺序和做法 *在生活中，引导幼儿多加练习，对于做法正确的幼儿，及时肯定鼓励，对于做法错误的幼儿，及时纠正并进行指导 *利用生活墙面展示正确铺床上床的顺序及做法 *利用榜样示范的作用，鼓励幼儿向做法正确的幼儿学习 *教师心中明确目标，了解铺床上床的正确顺序，并在生活中引导幼儿进行操作和体验 *让幼儿比较不同的铺床上床的顺序，并进行体验感知，然后组织幼儿进行讨论，找到比较科学合理的上床铺床的顺序 *引导幼儿在生活中发现上床铺床存在的问题，组织幼儿一起探讨更好的方法 *对于不同季节、不同样式的被子，教师要引导幼儿进行观察，并探讨不同被子的铺床方法

针对大班幼儿的年龄特点及发展目标，通过生活活动，重点培养幼儿的自主性，能够自主做事，要求做事要又好又快。

家园共育：培养幼儿按时睡觉、起床、早睡早起的良好习惯。大班时，家长与孩子共同制订晚间生活计划，安排好离园后的作业、游戏、生活、盥洗等活动，家长应尊重孩子的意见，与他共同实施计划，根据计划执行的情况，调整计划，使之更为合理可行，既保证孩子充足的游戏时间，又保证孩子健康的作息，逐步提高孩子"真生活"的能力。

（六）大班午睡活动案例分享

案例一：午睡活动中尊重幼儿的个体差异

孩子到了大班时，开始出现入睡慢、睡眠时间短等特点。这和大班孩子的生长发育等特点有关。因而我们根据幼儿的个体差异，对幼儿的午睡活动进行了调整。

第一，有的小朋友不睡午觉，但这些幼儿的健康指标都达到了。对于这些幼儿，肯定要让他们睡，可以少睡一会儿，睡前为小朋友做一些整理、收拾服务，醒来以后可以让他们躺在床上休息会儿，实在躺不住，可以请其早起一会儿，帮助老师做一些整理床铺、分发午点等工作。

第二，针对体弱的幼儿。首先，给幼儿一个安逸温暖的环境，坐在她旁边轻轻抚摸或轻拍入睡，这类幼儿一般感情较为丰富，希望得到老师更多的关爱与关注。同时，应根据体质较弱幼儿的需要，对他们进行护理，如有的孩子午睡时容易出汗，教师要为他们擦汗，还可以在背上为他们垫上毛巾。有的幼儿入睡后，容易蹬被子而受凉，应及时帮他们盖好；如厕时，要为他们穿上外衣，避免着凉。

第三，除了分类管理，也要注意特殊时间的护理。如每周一或幼儿长时间休假后，由于个别幼儿在家作息与幼儿园不一致，而产生情绪不稳定的现象。教师要给予理解和情绪上的疏导。还有个别幼儿病后初愈，身体正在恢复，也时刻需要教师关注他们的睡眠情况。同时要注意他们的睡眠姿势。幼儿的午睡姿势多种多样，有的幼儿仰睡，有的幼儿侧睡。仰睡的幼儿容易做梦，有时还讲梦话，大声疾呼，醒后大汗淋漓，感到十分疲惫。趴着睡也不利于幼儿身体健康，醒来后脖子容易扭伤，身体酸痛，同时会感到浑身无力，很疲惫。起不到睡眠的休息恢复作用，这种睡姿也不可取。侧卧睡的姿势无论是向左还是向右，都是比较正确，有利于幼儿健康的。其中右侧卧比左侧卧更好，因为他们的心脏跳动自然，还能帮助十二指肠移动，因此最科学的睡姿是右侧卧睡姿。

午睡是保育工作的一个重要组成部分，尤其在午睡生活的管理上要做到认真、细致、耐心，为提高幼儿午睡质量，促进幼儿健康成长尽心尽责。

案例二：谈午睡环节的安全

安全勿大意。午睡是最容易被教师们忽视的环节，许多教师认为午睡是最轻松的环节，其实，午睡更需要教师用超强的责任心和细心来呵护孩子们的安全。

1.睡前——午检。孩子们午睡之前，教师一定要对幼儿进行安全检查，清点人数。一是检查幼儿的手里是否有玩具、小东西等。虽然这一点我们在晨检中已经做过，但一上午的学习游戏活动，孩子们还是有机会接触到各种东西，比如早操户外活动时，有的孩子有可能在操场上捡一些小豆子、小石子等悄悄地放在口袋里；有的孩子甚至把吃不完的馒头、饭菜塞在口袋里。所以午睡前检查孩子们的口袋是非常必要的。万一老师一时疏忽，有的孩子把小东西带到床上，偷偷地拿出来玩，塞到鼻孔或耳朵里，后果不堪设想。二是检查幼儿穿的衣物是否有绳子、扣子或装饰物等，是否有安全隐患。并协助幼儿把衣服脱下来。三是检查小女孩的发饰。提醒小姑娘们把头发上的皮筋、发卡、小卡子等摘下来，统一放在一个小筐里，因为有的小姑娘睡不着玩皮筋，把皮筋缠绕在手指上，有造成手指坏死的危险。

2.午睡——巡视。有的教师认为孩子们睡着就万事大吉了。其实不然，孩子们在午睡时，如果教师大意也会有意外发生。一是检查孩子们的睡姿。大家都知道最正确的睡姿是右侧卧，但我们不可能要求所有的孩子都做到右侧卧，只要是侧卧或仰卧就可以。虽然教师一遍一遍地告诉孩子们怎样睡是正确的，但孩子们总是跟随他们的天性，选择他们认为最安全的睡姿：趴着睡。趴着睡容易压迫心脏和刚刚吃饱的胃，使呼吸不够顺畅，不利于血液循环，使孩子们休息不好。所以，教师在不影响孩子睡眠的情况下，轻轻地帮助幼儿把姿势纠正过来。二是检查孩子们的小手。有的幼儿并不能很快入睡，无聊之时，他的小手就会非常"忙碌"，一会儿动动这个，一会儿摸摸那个，一会儿又去摸摸旁边的小朋友，有的小朋友甚至都不放过被子上的一个小线头，拽来拽去竟然拆起了被子，这是非常危险的，万一线头缠在了手指上，孩子又睡着了，手藏在被窝里不易被老师发现，等孩子睡醒为时已晚。所以，值班的老师一定要轻轻地掀开孩子们的被子，检查孩子们的小手是否有异物，检查完再给孩子盖好被子。三是观察孩子们的面色。孩子们睡着后的面色是安稳的，五官是舒展的，面色红润。如果孩子身体不舒服或有异常，他的脸色一定不是这样的，表现出烦躁、乱动、不安稳等，一旦这样，教师就应该赶紧叫醒他，问问他哪里不舒服或赶紧就医。

3.起床前先醒一醒。教师全面巡视，为幼儿起床做好充分的准备。值午睡的教师提前几分钟放一些轻音乐，轻轻地叫醒还没有睡醒的幼儿，让他们适应一下，准备起床（避免老师一叫起床吓一跳）；提示幼儿穿好衣服，有秩序地如厕等。

案例三：穿脱衣服

总目标：根据自己的冷热感觉增减衣服，保持衣服整洁。

班 级	目 标	生活自理能力	教育策略及注意事项
小班	*学习基本的穿脱简单衣服的技能	*在教师的帮助和指导下，逐渐学会自己穿脱简单的衣服。不穿反衣服、鞋袜 *在教师的帮助和指导下，逐渐学会自己整理衣服（如掖裤子等） *在教师的帮助和指导下，逐渐学会将自己的衣服叠放整齐	*教幼儿按顺序穿脱衣服（附小班穿脱衣服的儿歌、视频） *班中教师的指导方法应保持一致 *避免包办代替和完全放手两个极端倾向，根据幼儿的个体差异，给幼儿提供适时适当的帮助。多鼓励幼儿自己动手，尤其是有进步的幼儿 *家园共育：帮助幼儿家长认识到幼儿学习基本生活技能的意义；指导和鼓励家长放手，多给孩子提供自己动手做事的机会
中班	*生活自理能力逐步提高	*能够自己穿脱衣服和鞋袜（在教师的鼓励和提示下，比较乐意、自信地为自己穿脱衣服和鞋袜） *中班下半学期，教师可有意识地给幼儿提供自己叠被子和学习整	*教师应明确穿脱衣服的顺序，叠被子、整理床铺的方法 *在日常生活中，观察、了解幼儿的技能难点，并进行有针对性的指导。如对于不愿自己穿脱衣服，等成人帮助的幼儿，应培养幼儿做事的独立性、主动性，提高幼儿生活自理能力

（续）

班　级	目　标	生活自理能力	教育策略及注意事项
中班	*生活自理能力逐步提高	理床铺的机会和条件 *能够在教师的提示下，主动整理好自己的衣服，春秋冬季不露肚皮、后腰	*对于边穿边玩、磨蹭的幼儿，应培养幼儿又好又快的做事习惯，纠正幼儿做事磨蹭、边玩边做的不良习惯 *对于有畏难情绪，对于自己做事能力不自信的幼儿，应培养幼儿不怕困难、勇于接受挑战的意志品质（在遇到困难时，愿意主动尝试，不退缩；在需要帮助时，能有礼貌地请求成人或同伴的帮助） *较熟练地掌握整理衣服的技能 *在教师和家长的提示下，能够注意自己的衣着整洁，不故意弄脏衣服，并随时整理好衣服。尤其是在如厕后、起床后整理好衣服
大班	*提高幼儿的生活自理能力 *培养幼儿独立生活的能力	*自己穿脱衣服和鞋袜 *会自己叠被子，学会整理床铺	*教师应明确穿脱衣服的顺序，叠被子、整理床铺的方法 *在日常生活中，观察、了解幼儿的技能难点，并进行有针对性的指导，如对于不愿自己穿脱衣服、靠成人帮助的幼儿，应培养幼儿做事的独立性、主动性，提高生活自理能力 *对于边穿边玩、磨蹭的幼儿，应培养幼儿又好又快的做事习惯，纠正幼儿做事磨蹭、边玩边做的不良习惯 *对于有畏难情绪，对自己做事能力不自信的幼儿，培养其不怕困难、勇于接受挑战的意志品质（在遇到困难时愿意主动尝试，不退缩；在需要帮助时，能有礼貌地请求成人或同伴的帮助）

（续）

班　级	目　标	生活自理能力	教育策略及注意事项
大班		*引导幼儿保持服装整洁 *逐步学习根据气温变化及活动需要，自己准备要穿的衣服 *逐步学习根据自己的冷热感觉，主动增减衣服	*引导幼儿注意自己的衣着整洁，不故意弄脏衣服，并注意在如厕后、起床后整理好衣服 *结合天气预报，引导了解一定的穿衣知识，并能够根据自身感觉增减衣服 家园共育：家长引导幼儿关注天气预报，自己准备第二天要穿的衣服。在准备衣服时，同时考虑到第二天活动的需要；不要包办代替，当看到孩子出汗时，引导孩子关注自己的感觉，自主决定是否要减衣服，家长应该尊重孩子的选择，逐步培养孩子"真生活"的能力

案例四：不露小肚皮

随着天气渐渐变冷，孩子们的衣服越穿越多，里外好几层。如厕后经常露着小肚皮，感冒的幼儿日益增多。为了培养幼儿的自理能力，我们多次引导小朋友尝试自己披裤子，可是简单的说教并没有收到好的效果。许多小朋友叫嚷着要求老师帮助，看到这种情况，我们并不急于求成，在日常生活中将生活护理和幼儿自理能力的培养有机地结合起来。首先，作为小班教师，在与幼儿交往互动时不能着急，心态、口气要平和。在与幼儿交谈的口吻中渗透"游戏化的一日生活"。其次，对孩子要赋予更多的耐心、关爱，相信每一个孩子都是最棒的。最后，在教育过程中多给予鼓励并适时地进行指导，为幼儿创设宽松的精神环境，使孩子们在愉悦的环境中积累经验。

阶段一：第一枚小亮贴。每人一枚，激发幼儿主动做事的欲望。

为了激发幼儿主动做事的欲望，我们创设了"披好裤子不露肚皮"的墙饰。力求通过发放孩子们喜欢的小亮贴，引导他们尝试着自己动手。版面一出现，孩子们对我们张贴的照片兴趣十足。"看！毛毛干什么呢？""在塞裤子。""这是我。""有我吗？"……如意、丝雨、遥遥、刘绍航蹲在那里，讨论得很热闹。我引导他们观察旁边的大表格。刘绍航问："老师，这是什么呀？"李涵超说："上面怎么有小朋友的名字，干什么用的？"一听到这话，许多小朋友都围上来寻找自己的名字。孩子们找到自己的名字都很高兴。在一阵讨论之后，我向孩子介绍了大表格的用处，展示了可爱的小亮贴。看到亮贴，孩子们十分兴奋。有个孩子说："我自己披，得多多的。"看到孩子们的积极性很高，我对他们说："杨老师给自己披裤子的小朋友发一个小亮贴，请你贴到名字的后面。"大家立刻行动起来，纷纷自己动手披裤子。这一次，全班小朋友都得到了小亮贴。

反思：为了鼓励孩子，使他们自己动手做事的积极性更高，我给每个小朋友发小亮贴，即使没有披好的孩子，也同样赠送了一枚，希望他们在老师的支持、鼓励下得到进步。

阶段二：老师披不好。尊重幼儿发展的个体差异，不求同步。

吃完加餐后，孩子们纷纷搬着小椅子围坐过来，开始自己披裤子、整理衣服，准备到户外游戏。这时，妞妞哭着对我说："老师，披不好，你帮帮我吧！"我把她搂过来一摸，原来妞妞后面的衣服总也披不好，小后背露在外面，怎么也塞不到裤子里。看着孩子可怜的样子，我帮他把后面的衣服披好并对他说："妞妞别急，慢慢来，看！前面的衣服披得很好，别哭了，杨老师送你一枚小亮贴。"这时妞妞转泣为笑，高兴得拿着小亮贴跑了……

反思：正如我预想的一样，自从发放小亮贴之后，孩子们的兴趣很高，都能主动地动手去做。但是幼儿之间存在着个体差异，对于一部分能力不强的孩子来说，他们已经努力了，可就是做不好。我们并没有急于指导，而是给他们时间自己去尝试、探索。在日常生活中将生活护理和幼儿自理能力的培养相结合。

阶段三：我会披裤子了。日常生活中开展幼儿易于接受的活动，促进幼儿发展。

妞妞事件后，我们有意识地观察幼儿披裤子的情况，发现有许多孩子像妞妞一样，小后背露在外面，后面的衣服总是披不好，需要老师帮一帮。为了使幼儿更好地掌握这一本领，我们续编了《森林幼儿园》的故事。让"长颈鹿老师"教给小朋友和"幼儿园"中的小动物整理衣裤的方法，再和小动物们比一比谁学得快，披得好。孩子们在与小动物的"竞赛"中逐步学会了披裤子的方法。

反思：《森林幼儿园》是孩子们喜欢听的故事。它的内容来源于幼儿的生活，当孩子们在生活中遇到困难时，我们会将其编排到故事中，让故事形象对幼儿进行指导，孩子们在与小动物的互动中，逐步学会整理衣服的方法。

阶段四：我的小手最棒。幼儿在积极鼓励和正面引导下获得快乐。

渐渐地，孩子们已经学会了自己披裤子，可是如何让孩子们主动地披好裤子是一个大问题。看！元宝又跑来对老师说："我披不好，你帮我披吧！"看着孩子的"小赖样儿"，我惊奇地对他说："呀！元宝把最棒的小手丢了，它去找别人做朋友了！""不行，没丢没丢。"孩子着急地说。"那它在哪儿呢？""在这儿，在这儿。"元宝伸着手让我看。"快试试它有多棒！""好！"孩子很快自己披好衣服，并问我："杨老师，我的小手最棒吧？""嗯，你是最棒的！"元宝高兴地笑了。

反思：孩子需要老师的鼓励，在生活中，我们运用比较夸张的语言激发孩子主动动手的欲望，在和同伴的比较中发展主动性。

阶段五：我要拿回家。活动延伸到家庭，引领家长进一步培养幼儿的自理能力。

快到月末了，孩子们积攒的小亮贴越来越多，每天他们都要在表格上数一数。"看我得了这么多。"刘绍航向同伴炫耀着。丝雨也不示弱："我得的也多，我有十九个。""我披得好，杨老师每次又给我两个。"妹妹在一旁边数边说。看孩子们讨论得如此热闹，我引导他们说："把亮贴拿回家好吗？""好！我要给妈妈看。"刘绍航叫嚷着。"我也要，我也要。"其他孩子也不断地喊着。离园时，孩子们举着小亮贴，高兴地对爸爸妈妈说："这是我得的，多不多？"家长们也不断地称赞："真棒，真多，你真能干！""回家你要自己干，不让姥姥帮，妈妈也发亮贴。""好，不用姥姥帮！"家长和孩子说着回家了。

反思：孩子们喜欢将自己的"成果"向家长展示，在爸爸妈妈的称赞声中，孩子的积极性更高了。教师在无形中帮助家长找到了解决问题的方法。

不露小肚皮的活动结束了，孩子们在一系列的活动中学会了披裤子，更让我们高兴的是，孩子们在游戏中逐步建立了自信心，他们不再觉得披裤子是难事，能快乐地接受，主动性得到了发展。老师们在活动中和孩子们一起成长，积累了许多对于小班孩子行之有效的教育经验。

八、过渡环节

幼儿园一日生活中有很多的活动，每两个活动之间的过渡时间，我们称之为"过渡环节"。在这个环节，我们要完成前一个活动后的收拾整理以及下一个活动前的调整准备，同时也可以让幼儿在活动之间放松一会儿，起到放松精神、促进同伴互动、增进师幼情感的作用。组织好过渡环节，既能减少教师不必要的管理行为，避免发生"高控""教态"的问题，又能培养幼儿良好的做事习惯，同时还能减少幼儿由于消极等待而出现的行为问题。

由于个体差异，孩子们完成活动的速度有快有慢，过渡环节的缓冲能使教师较好地关注到幼儿的个体差异，给予幼儿适当的指导与帮助。比如，教师组织美工活动时，常常会有小朋友早早就完成了活动，而有的小朋友完成得比较晚。那么先完成的小朋友就要等所有的小朋友都完成后，才能进行下一个活动。因此，常常会出现消极等待的情况。我们在观察中发现，先完成活动的孩子坐在座位上等待，坐不住时就和前后左右的小伙伴玩逗起来，有时还会伴随着受伤的危险。教师怕孩子发生危险，因此，常常会边指导未完成活动的孩子，边照看已经完成活动正在等待的孩子，情绪急躁时，还会出现喊叫、不耐烦等不适当的言行。这时，带班教师可以与配班教师分工合作，有的指导未完成操作的孩子，有的组织先完成活动的小朋友做好收拾整理、调整准备的工作，然后到"过渡游戏区域"玩一会儿玩具，自主如厕、饮水以及与小朋友自由交往，做一些自己想做又不会打扰别人的事情。如果教师具有较强的教育意识，可以在过渡环节中培养幼儿养成事后收拾整理、事前调整准备的做事习惯，培养自主有序做事的能力和与小朋友自由、友好交往的能力。

过渡环节的总目标：活动后收拾整理，活动前做好准备。

1.培养活动后收拾整理，活动前做好准备的做事习惯。

2.逐渐能够自主、有序地完成收拾整理及事前准备工作。

3.促进幼儿人际交往、社会适应能力的提高。

（一）小班过渡环节目标、特点及教育策略

目　标	特　点	教育策略及注意事项
*知道过渡环节游戏区在班级中的具体位置和游戏规则	*固定的位置和游戏规则有利于幼儿掌握常规和养成习惯	*在班级中，选择合适的地方创设过渡环节游戏区，投放适合小班年龄特点的手头玩具、图书，设置手头玩具区、图书区，逐渐根据班级情况开设玩车区或积木区等，先完成活动的小朋友可在此游戏，避免消极等待。而且在活动中，教师温而自然地引导幼儿交往，有利于增进师幼情感，避免教态问题的发生

（续）

目 标	特 点	教育策略及注意事项
*在成人指导下，不争抢、不独霸玩具 *与同伴发生冲突时，能听从成人的劝解	*小班幼儿容易在自选游戏中由于争抢玩具而发生攻击性行为	*建立过渡环节游戏区的游戏规则，建立分区游戏的规则，关注引导几位平时有攻击性行为的小朋友。尤其是入园初期，个别幼儿确实有攻击性行为，活动后，有教师还在照顾没有完成活动的小朋友，因此，负责照看幼儿游戏的教师一定要注意，可以从每人只拿一个玩具材料（注意投放玩具的安全性）坐在自己的小椅子上玩等简单的游戏规则开始，逐渐过渡到分区游戏。如可以分成玩车区、插塑区、图书区等，拿取材料在一定范围内进行游戏
*在教师的引导和帮助下，活动后进行收拾整理，活动前做好准备	*小班幼儿自主能力较弱，需要在教师的引导和帮助下，完成活动后的收拾整理及活动前的准备工作	*教师在组织活动时要注意，当有幼儿完成活动时，要有意识地安排幼儿完成收拾整理工作。如先画完的小朋友，把油画棒装进盒子里，然后把你的画交给老师，最后搬椅子去过渡环节游戏区（具体位置）玩会儿玩具 *活动基本结束，大部分幼儿已经进入过渡环节游戏区，教师可组织幼儿收玩具，回到座位。教师可利用这个时间，对上一个活动进行总结、分享，然后引导幼儿进行下一个活动的准备工作。如进餐活动前，教师会组织幼儿分组如厕、洗手，配班教师会做好餐桌消毒、发放餐具、分餐等准备工作 *下一活动前，教师可利用过渡环节给予要求和指导。如在盥洗活动前，可以帮助幼儿复习洗手的正确方法等。在午睡前，指导幼儿学习脱叠衣服的方法等 *幼儿园一日生活具有规律性和重复性的特点，有利于幼儿良好习惯的养成。在游戏化、自然化的日常生活活动中，教师们充满爱心和耐心的养育中，孩子们获得更为健康、全面的发展

（二）小班过渡环节活动案例分享

案例一：小班过渡环节常规的建立

小班幼儿入园初期，幼儿还不太清楚如何与同伴共同使用班级中的玩具材料。幼儿园的玩具不像小毛巾、小水杯、小床是专人专用的，而是大家共有的，遵循着"先到者得"的规则，即谁先拿到，这个玩具的物权就暂时归谁所有，如果你想要玩，就要学习使用"交换""等待""协商""合作"等交往技能去与这个玩具"暂时的主人"沟通、交流，解决问题。根据小班幼儿的年龄特点和交往能力水平，小班教师可采取两种不同形式组织过渡环节的游戏。

形式一：人手一个手头玩具。小班教师创设过渡环节的游戏环境，引导促进幼儿了解简单的游戏规则，逐渐学习简单的交往技能。小班初期，教师准备一些适合小班幼儿年龄特点的、便于收拾整理的手头小玩具，如小汽车、小电话、小魔尺、小动物等。分类入筐，置放在小玩具架上。进入过渡环节的小朋友，自取一个玩具，坐在自己的小椅上进行游戏。需要更换时，可以到玩具架上换另一个小玩具游戏。游戏规则是：只能从玩具筐中拿取玩具，不能从小朋友手里抢玩具。听到收玩具的儿歌或音乐时，可以做到从哪里拿的玩具还放回哪里。

游戏过程中，孩子会出现"抢他人玩具""未按规则取放玩具"的情况，也很有可能出现攻击性行为。教师要注意观察、保护，及时地引导和教育。使幼儿逐步了解和遵守简单的游戏规则，并学习尝试用"交换""轮流""等待""谦让"等交往技能解决问题。

形式二：自选分区游戏。经过一段时间，教师可以将过渡环节区域分成三到四个游戏区域，依然要投放容易收拾整理的玩具。如可以将原来的过渡环节区域划分为手头玩具区、图书区、桌面建构玩具区。还有的教师创造性地创设了小汽车区等。游戏规则虽然与人手一个手头玩具时一样，但是，孩子们进入过渡环节时，可自选游戏区域和游戏材料，与同区的小朋友互动游戏，游戏更为宽松自主，为孩子们提供了更多自由交往的机会和条件。这为小朋友进入中大班后，全班开放式的过渡环节活动打下了基础，有效地促进了幼儿自主性的发展。

案例二：分享给人快乐

记得有一次天翔来晚了，过渡环节的玩具小汽车都被孩子们拿光了。他也很想玩，就拿了毛绒玩具找小朋友商量换一换，可最后还是没得到，他急得哭了起来。听完他的哭诉后，我请他和手里有两个玩具车的中中去换。得到暗示的中中很痛快地拿给天翔一个小玩具车。为了让天翔把受到帮助的快乐表达出来，也为了让帮助人的中中体验到帮助别人的快乐，我说："天翔，中中把小汽车让给你，你一定很高兴吧？你该和中中说什么呢？"天翔笑眯眯地说："谢谢你。"我又问："天翔，下次中中要是也没有玩具玩，你会让给他吗？"天翔很诚恳地说："会的，会的。"我又将天翔的话重复给中中听，中中也高兴地笑了。通过这种方法，孩子知道了分享能给别人带来快乐，也能给自己带来快乐。

过渡环节是幼儿园一日生活中的重要活动，每天都会重复进行几次，较之区域游戏活动，给孩子们提供了更多自主选择和自由交往的机会和条件。在游戏中，教师真的可以一对一、手把手地教孩子学习如何跟同伴交往。一句话一句话地教孩子说："×××，我想玩你的小电话，我用我的小汽车跟你换着玩，可以吗？""×××，我想玩你的小汽车，你玩完了给我玩，好吗？"然后，在游戏中鼓励孩子去尝试使用这些语言与同伴交流，逐渐提高幼儿的社会规则意识及社会交往能力。

（三）中班过渡环节目标、特点及教育策略

目　标	特　点	教育策略及注意事项
*与教师共同创设过渡环节的游戏环境，制订并遵守过渡环节的游戏规则	*中班幼儿自主能力提高，乐于根据自己的意愿选择游戏活动，并能主动遵守游戏规则	*与幼儿讨论商量，确定分区游戏的内容和规则。开设桌面建构区、美工区、玩具区、图书区，允许幼儿自选游戏内容，并能够遵守游戏规则（升班初期，可从两个区的设置开始，逐渐增加区域） *在游戏中引导幼儿感受规则的意义，并能基本遵守规则
*会运用介绍自己、交换玩具等简单技巧加入同伴游戏。能够与同伴轮流、分享游戏；与同伴发生冲突时，能在他人帮助下和平解决；不欺负弱小	*喜欢与小伙伴一起游戏，有时会运用"告状""攻击"的方式来解决问题，需要在教师的引导，逐渐丰富解决问题的经验，提高社会交往能力	*先完成活动的小朋友可在此游戏，避免消极等待。而且活动中，教师温和而自然地引导幼儿交往，有利于增进师幼情感，避免教态问题的发生 *过渡环节为幼儿自由自主的交往提供了机会和条件，满足了中班幼儿逐渐增加的社会交往、合作游戏的需要。但是，幼儿解决交往问题的经验还不足，教师在组织过渡环节时，要注意观察幼儿的交往情况，引导幼儿理解并遵守规则。在保证幼儿安全的基础上，捕捉教育契机，在引导幼儿解决问题的过程中，帮助幼儿丰富解决问题的经验，提高社会交往能力

（续）

目 标	特 点	教育策略及注意事项
*知道活动后要收拾整理，活动前做好准备工作，在教师的引导下，逐渐可以有序完成整理和准备工作	*中班幼儿自理能力和自主性还有待提高，需要在教师的引导和帮助下，完成活动后的收拾整理及活动前的准备工作	*教师在组织活动时要注意，当有幼儿完成活动时，要有意识地安排幼儿完成收拾整理以及下一个活动前的准备工作。如"先吃完饭的小朋友，收拾好餐具，擦嘴、漱口、刷牙、拿拖鞋放在小椅子下面，然后搬椅子先去过渡环节游戏区玩会玩具，一会儿我们散步、脱衣服、午睡" *中班后期，随着幼儿自主性和自理能力的提高，教师可采用讨论的形式，与小朋友共同商议活动后做哪些收拾整理工作，活动前做哪些调整准备工作。引导、鼓励幼儿尝试不用老师提醒，自己完成工作 *在过渡环节时，教师会比较紧张，怕孩子出现危险，常常会高控。怎样才能既保证幼儿安全又兼顾到幼儿自主性和能力的发展呢？第一，要注重活动前与幼儿共同制订规则；第二，在活动中，教师要注意观察指导，引导幼儿在活动中遵守游戏规则，不断提高自理能力，促进幼儿自主性的发展 *幼儿园一日生活具有规律性和重复性的特点，尤其是生活常规。在日常生活活动中，教师要注意保护与锻炼并重，促进幼儿能力的发展、习惯的养成

（四）中班过渡环节活动案例分享

案例：优化一日生活中的过渡环节

　　幼儿园一日生活中，环节与环节的衔接时间为过渡环节，由于对过渡环节教育作用认识不够，很多教师并不注重对过渡环节的组织，这是一线工作者在工作过程中需要改变与优化的地方。教育者首先要了解过渡环节的重要性，形成正确的教育观念，而后根据幼儿年龄特点与兴趣发展组织不同的游戏活动，以丰富幼儿对过渡环节的体验，发挥过渡环节的教育价值，同时让过渡环节真正成为其他环节的衔接与铺垫。

　　场景一：区域活动后，我提示幼儿拿外衣，穿好外衣的孩子依次坐在椅子上静静地等。全部穿好，然后分组去排队。看似上面的生活活动处于"有序"状态，其实细细看来，不难发现整个过程始终拖拖拉拉，时间不紧凑，让孩子无所事事。虽然幼儿自理能力较强，但是生活环节上需要得到老师的提示。现在，我们会在区域评价结束后，提几点要求，让幼儿自主去做户外活动前的准备，如厕、洗手、喝水、拿外衣等，等音乐响起，孩子们都需要把这些事情做完，我慢慢地试着放手了，试着让孩子自己做自己的事情。一日生活中的过渡环节变得丰富有趣、自由了很多，也有利于孩子常规的建立和各方面能力的培养。

场景二：户外活动回班后，孩子们进行如厕、盥洗等活动，老师放起音乐，孩子们都自觉地跟着音乐边唱边做动作，保育员老师带领值日生开始消毒桌面。这时感觉部分孩子们有些兴奋，坐不住了，可是还有一小部分孩子在卫生间没回来，于是我又组织玩起了手指游戏，慢慢地让孩子们平复下情绪，为午餐做准备。当所有的孩子都回到座位上，我们一起朗诵儿歌，背诵餐前感恩词等，准备午饭。

反思：这个案例过于高控，我就怕孩子们把教室搞得一塌糊涂，因此对于幼儿在过渡环节中的活动总是高控制、不敢放手。让孩子们分批进行如厕盥洗，没轮到的小朋友不停地跟着老师做集体游戏，孩子们都是被动地参与活动。幼儿需要的过渡环节应该是一种低控制、宽松、自主、利于交往、有序的氛围。我也认识到要掌握好"度"，不能"放羊"，也不能干预过多。但是如果一直带孩子们玩游戏或者集体活动，就增加了过渡环节中的消极等待，教师就出现了高度控制的现象；如果更加有序、自主地让幼儿在一定时间内做完一些事情，自己合理安排事情的先后，使这一环节变得和谐、自然，还能调动幼儿的积极性和主动性，孩子们会更加快乐，教师也会比较轻松。

场景三：午餐时间，班级里总是有那么几个孩子进餐比较快。先吃完午餐的孩子漱口过后进行自主游戏，有的拿起图书柜的故事书与同伴讲故事；有的拿出自己带来的新玩具玩；有的与同伴分享自己新带来的贴纸……当一半的幼儿吃完午餐后，活动室里面突然变得很吵，孩子们渐渐都离开了自己的位置，说话的声音也变响了，这影响到了还在进餐的孩子。这时老师就会说："吃完饭的小朋友都回到自己的位置上去，不许再大声说话了，都影响其他小朋友吃饭了。"所有的孩子逐渐安静了下来，一脸惊讶或迷茫地看着老师。

反思：这个案例中，孩子吃完饭都在自主地游戏，一开始情况还可以，到最后有点乱糟糟了。我把过渡环节完全放松了，由着孩子们自由发挥，结果导致教室里变得吵闹，影响到吃饭的孩子。我认为，可稍微干预一下孩子的活动，比如可以请吃好饭的孩子去植物角观察观察植物，小声分享一些玩具玩法，讲讲有趣的事，也可以到楼道里散散步等，但是这都需要幼儿掌握一个声音的"度"，如不可以大于午餐背景音乐，或者两个人说话尽量不让其他人听到等，这样可以避免还在用餐的孩子受到干扰。

中班幼儿自主性发展的水平处于小班、大班之间，在幼儿园教育中处于一个过渡时期。中班是幼儿自主性发展突飞猛进的一个时期，利用好过渡环节，给幼儿提供更多的自由、自主的机会和条件，更有利于幼儿自理能力、自主交往能力的发展。

（五）大班过渡环节目标、特点及教育策略

目 标	特 点	教育策略及注意事项
*与教师共同创设过渡环节的游戏环境，制订并遵守过渡环节的游戏规则	*大班幼儿的生活自理能力及社会交往能力较强。能够遵守游戏规则，自主有序地完成各项活动	*与幼儿讨论商量，确定过渡环节的内容和规则 *开设桌面建构区、美工区、玩具区、图书区，允许幼儿自选游戏内容，并能够遵守游戏规则 *全班开放，在分区游戏的基础上，可以允许幼儿在不打扰别人的基础上做一些其他的事情。如继续画没画完的画、观察植物、做记录；还可以自主做一些活动后收拾整理以及活动前的准备活动
*与同伴发生冲突时，尝试自己协商解决。不欺负别人，也不允许别人欺负自己	*幼儿存在个体差异，个别幼儿在游戏中表现出自我意识强、遇到问题不能和小伙伴协商解决的问题。有的比较霸道，有的比较怯懦等	*过渡环节为幼儿自由自主的交往提供了机会和条件，满足了大班幼儿逐渐增加的社会交往、合作游戏的需要。但是，大班幼儿解决问题的能力存在个体差异，教师在组织过渡环节时，要注意观察幼儿的交往情况、情绪状态，当幼儿不能自己协商解决问题时，给予适时的引导和指导；当幼儿可以自己协商解决问题时，教师要给予鼓励，并可利用分享交流环节，帮助幼儿总结、分享经验，帮助幼儿丰富解决问题的经验，提高幼儿社会交往能力

（续）

目　标	特　点	教育策略及注意事项
*在教师的引导下，逐渐养成活动后收拾整理、活动前做好准备的良好做事习惯	*大班幼儿有独立自主做事的需要。多数大班幼儿有活动后收拾整理，活动前做好准备工作的意识和能力 *幼儿在做事能力和做事习惯方面存在较大个体差异	*利用集体讨论、图示等方法，帮助幼儿了解活动后要做哪些收拾整理工作；活动前要做哪些调整准备工作。引导幼儿理解这些工作的作用，从而愿意自觉主动地做事 *在做事的过程中，教师要注意观察，通过表扬鼓励、个别指导以及集体讨论等方法，鼓励培养幼儿养成良好的做事习惯；帮助幼儿总结、分享做事又好又快的经验，促进幼儿做事能力的提高 *帮助幼儿学习认识时钟，感知时间，帮助幼儿建立时间观念，培养做事专心、不磨蹭的习惯 *幼儿园一日生活具有规律性和重复性的特点，尤其是生活常规。在日常生活活动中，虽然是面对大班的幼儿，教师要注意保护与锻炼并重，关注幼儿的个体差异，有针对性地促进幼儿能力的发展、习惯的养成

（六）大班过渡环节活动案例分享

案例：如何提高过渡环节活动质量

　　幼儿园一日生活是幼儿从来园到离园的全部经历，是幼儿展示自我、在幼儿园中进行体验与创造的过程，《指南》在"说明"中明确提出："要珍视游戏和生活的独特价值。"《幼儿园教育指导纲要》中明确指出：尽量减少不必要的集体行动与过渡环节，减少和消除消极等待的现象。我认为至少从两个方面来理解。（1）从保证幼儿每天有适当的自主选择和自由活动时间的角度出发，尊重幼儿的主体性，发挥教师的主导作用，挖掘过渡环节的教育资源，丰富此环节的活动，让幼儿在自主活动中满足身心发展的需要。（2）尊重幼儿的人格和权利，尊重幼儿身心发展的规律和学习特点，关注个别差异，促进每个幼儿富有个性的发展。

　　幼儿园的过渡环节是幼儿一日生活中环节与环节之间的转换时间。如早饭前后、户外活动前后、午睡前后、下午教学活动前后、晚餐前后。过渡环节从表面上看可有可无，往往被大家忽视，其实它却有着重要的教育价值。如果教师将其作为一种教育资源去重视和实施，过渡环节也能为孩子们带来意想不到的收获。

过渡环节普遍存在随意性较强及较为高控的现象，比如把过渡环节当成放松期，由着孩子们自由玩耍；有的教师在过渡环节习惯于高控，不敢放手；有的则习惯用如厕、盥洗等单一死板的生活活动替代过渡环节，存在拖沓等待的现象等。这些现象不仅浪费了孩子的时间，形成更多的消极等待，更重要的是在一定程度上打击了幼儿参与活动的热情，压抑了幼儿主动、活泼的个性发展。

为了改变过渡环节高度控制、放任自由、消极等待等不良现象，我们进行了不少的尝试。

1.自主游戏法。游戏是幼儿生活中不可缺少的内容。在过渡环节，我们可以给孩子们多样化的选择，让过渡环节变得更为丰富多样。可以让孩子们自主选择看书、玩玩具、观察植物、照顾植物，甚至允许小朋友与小朋友聊聊天、发一会儿呆。幼儿通过各类游戏，可以发展动作技能、语言能力、想象力和创造力，可以在游戏中积极互动、放松精神，获得愉悦的情感体验。

2.音乐唤起法。在过渡环节的组织中，会利用音乐引导孩子们做好下一环节的准备，如听音乐收玩具等。播放音乐减少了过渡环节中的消极等待和教师的高度控制现象，使过渡环节变得和谐、自然，还有利于提高幼儿对音乐的兴趣，也有利于调动幼儿的积极性、主动性，有利于整体效率的提高。

3.弹性管理法。幼儿园一日活动时间的安排应具有相对稳定性和灵活性，减少"一刀切""齐步走"的组织方式，这样既能形成秩序，又能满足幼儿的合理需要，还能照顾到小朋友的个体差异。如尊重幼儿做事速度有快有慢，过渡环节给每位幼儿完成收拾整理的机会和条件，不会因"一刀切"而紧张地完成手头的操作和收拾整理工作；引导幼儿利用过渡环节中自由活动的时间，自主如厕、饮水、做好下一环节的准备活动。

4.图示提示法。以前的过渡环节前，教师会给孩子们下达一连串的"命令"，如收拾玩具、上厕所、洗手、喝水、抹手油、拿外衣，之后再玩玩具。有的环节，教师下达的指令多达十几项。常规建立初期，孩子们会记不住。也有的教师会直接说一句："请小朋友上厕所，回来以后我们进行下一个环节。"就算完成了过渡，但是这样的方式往往会出现管理混乱。大多数事故都是由于过渡环节中的管理不力出现的。分析到以上原因后，教师会采取与幼儿共同讨论、制作图示的方法，帮助幼儿记住做事流程，引导幼儿有序完成收拾、准备工作，培养幼儿良好的做事习惯。

5.个别关注法。生活活动中，由于每一位幼儿的生活自理能力与学习能力、认知能力不一样，如在环节结束后，教师说："等会儿要吃饭了，去准备一下。"有的幼儿便知道应当要做什么事情，接下来可能会发生什么事情，良好的记忆与适应让他们懂得安排自己的行为；但是幼儿自我控制能力稍差，还有一些幼儿由于不认真听、平时自理能力稍差、对下一生活或教育环节的记忆不足等原因，懵懵懂懂就过了过渡环节，这也就形成在下一环节中很多幼儿出现混乱等问题。

这些小朋友常常需要教师的提示和帮助。为了满足个别幼儿的需要，促进他们在原有水平上的发展，教师除了采用音乐提示法，还可以利用小朋友的教育资源，采用"一帮一"的形式。比如我们班有个年龄较小、能力较弱的新新（小名），我们就会请能力强的孩子带着她洗手、喝水，这样一来，能力强、速度快的孩子也有了照顾他人的意识，能力弱的孩子也能得到相应的帮助和照顾，还有效减少了过渡环节拖沓等待的现象，提高了集体的效率。

总之，我们要依据实际情况，在过渡环节中营造出一种低控制、有序、宽松、自主的氛围。幼儿园一日活动的过渡环节相对来讲是一个较松散、自由的环节，教师怕幼儿出事故管得太严也不行，这样就会对孩子产生过多的限制，不利于幼儿富有个性的发展。放任更不行，不利于教师对整个班级的管理，甚至会出现安全问题。另外，在过渡环节中，保教人员需要在教育理念和教育管理方式上保持一致性，真正做到保教并重，才能进一步地提高过渡环节等生活活动的质量。

九、离园活动

离园活动是幼儿园一日生活的最后一个环节，是幼儿园活动与家庭活动交替衔接的环节。在这个环节中，孩子们都会急切地盼望家长们的到来，情绪容易兴奋。教师需要在稳定幼儿情绪的基础上，引导、帮助幼儿做好离园前的整理工作，以保证离园环节安全、有序地进行。

离园活动的总目标：情绪愉快稳定，收拾整理有序。

1.保持愉快的情绪，能愉快地参加离园前的各项活动。

2.在教师的指导下，能够将玩具收放好，能够遵守游戏规则。

3.逐渐养成有礼貌地与父母、家长或他人打招呼，与教师、小朋友说再见的习惯。

4.在教师的引导下，学习将自己的衣服整理好，喜欢干净整洁。

（一）小班离园活动目标、特点及教育策略

目　标	特　点	教育策略及注意事项
*情绪稳定愉快，等待家长来接	入园初期，晚接的幼儿会焦虑张望，甚至伤心哭泣	*晚餐后，组织幼儿自己选择游戏或玩具，转移幼儿的注意力 *在游戏过程中，引导、帮助幼儿如厕，整理仪表，然后收玩具，尽量减少幼儿消极等待的时间 *当幼儿情绪焦虑时，教师要给予关注，尽量安抚
*在教师的引导下，能够根据自己的意愿选择离园前的活动，遵守活动规则	小班幼儿容易在自选游戏中由于争抢玩具而发生攻击性行为	*建立晚餐后、离园前的过渡游戏区。在晚餐后，组织幼儿在区内进行一些自选游戏 *投放容易收拾整理、安全的玩具材料，便于离园前的收拾整理。区内的玩具材料是一个逐渐丰富的过程，根据小班幼儿的特点，他们喜欢和小朋友玩同样的玩具，所以同样的玩具数量可以多些。另外，投放的玩具一定要注意其安全性，不要投放在摆弄或争抢中容易导致幼儿受伤的玩具材料。之后，孩子的规则意识及安全自护能力加强了，再逐渐丰富玩具材料 *建立游戏规则，在游戏中关注引导平时有攻击性行为的小朋友。尤其是入园初期，个别幼儿确实存在攻击性行为，晚餐后，有教师还在照顾没有吃完晚餐的小朋友，因此，负责照看幼儿游戏的教师一定要关注个别有攻击性行为的幼儿，引导幼儿逐渐遵守游戏规则。游戏规则也要由简到繁，可以从每人只拿一个玩具材料，坐在自己的小椅子上玩等简单的游戏规则开始，逐渐过渡到分区自主游戏。如可以分成玩车区、插塑区、图书区等，引导幼儿逐渐在一定范围内自主选择材料，与小朋友共同进行游戏（详见过渡环节）
	有小朋友离园时不肯走，还要玩，或者要带走幼儿园的玩具等	*教师在理解幼儿的情况下，进行正面教育，尽量在离园前教育孩子，让孩子知道怎样做才是"好"的。逐渐帮助孩子知晓并遵守游戏规则

（续）

目　标	特　点	教育策略及注意事项
*在教师的引导和帮助下，整理仪表，喜欢干净和整洁	小班幼儿自理能力较弱，在离园环节，教师要引导幼儿如厕，帮助幼儿逐渐学习自己整理仪表，喜欢干净和整洁 有的小朋友衣袖湿了，鞋子穿反了，尤其尿湿了裤子，都要等老师发现，不能主动告知老师，寻求帮助	*在游戏过程中，教师要提醒幼儿去如厕，帮助、引导幼儿整理好衣服、仪表，为离园做好准备 *在日常生活中，多鼓励孩子用语言表达自己的需求，当孩子出现问题时，教师不要着急，不要斥责孩子，要在帮助孩子解决问题的基础上，耐心地教育、鼓励、引导孩子，如果衣服湿了、身体不舒服了、哪里受伤了，一定要第一时间告诉老师，学会寻求成人的帮助。对于个别幼儿，教师不能只说："你怎么不跟老师说呀？你要记得告诉老师！"等等，而是要具体到告诉孩子跟老师说什么，如"老师，您能帮我吗？"拉拉老师的衣服，引起老师的注意 *在日常观察的基础上，离园环节也要细心地进行晚检，并耐心地帮助幼儿整理仪表。发现问题，及时解决
*主动与教师、小朋友说再见，有明天愉快来园的愿望	入园初期，小朋友在离园时出现焦虑情绪，有的小朋友入园时还好，往往会在离园见到家长时哭泣。有的小朋友看别的家长来接了，会着急地哭泣，甚至自己走出教室去寻找家人	*离园前，可以和小朋友一起唱唱歌、说说儿歌，或告知小朋友明天要做的游戏，引导小朋友明天愉快来园 *关注幼儿情绪，小班教师亲和力要强，充满爱心地与小朋友交往，日渐亲密的师幼关系会帮助幼儿更加愉快自信地参与幼儿园生活 *利用离园前的环节告诉小朋友"老师叫到你的名字，才能离开座位"。对于个别焦虑情况比较严重的幼儿，配班老师可靠近他坐或拉着他的手，尽力给予安抚
*家园沟通促进家园共育	家长有强烈的需求，想与老师交流孩子在园的情况	*日常利用班级微信群，有目的地与家长沟通 *有意识地回应家长的问询。尤其是入园初期，家长们都很敏感，教师与家长交流不能太随便，一定要有意识地回应家长的询问，从理解家长担心自己孩子的心情出发，在悦纳家长焦虑情绪的基础上，客观回应家长的问题，也要注意安抚家长的情绪，以细心的生活护理和观察、教育，逐步赢得家长的信任与配合

（二）小班离园活动案例分享

案例：如何组织好小班离园活动

离园活动是幼儿园一日活动的最后一个环节，也是重要的环节，是幼儿园活动与家庭活动交替衔接的环节。教师不能忽略，应该做好充分的准备，创设一个温馨、安静的氛围，组织并和幼儿一起活动，热情地接待家长，与个别家长交谈幼儿的表现，亲切地与每一位幼儿说再见，引导幼儿礼貌地与家长问好、与老师再见，使幼儿能高兴地离开幼儿园。

1.关注幼儿的情绪是否稳定、愉快。创设宽松、愉快的精神氛围，教师一边进行晚检，一边与孩子们亲切友好地互动，传递老师对孩子们的喜爱之情，有利于建立起亲密的师幼关系，有利于幼儿情绪的稳定、愉快。

组织好离园前的谈话活动。回想一天中快乐的事情，或者说儿歌、唱歌曲，通过游戏口吻与幼儿约定明天再见。鼓励他们的点滴进步，使幼儿有成就感，更加自信，更加喜欢上幼儿园，使他们保持良好的情绪。

2.关注幼儿的健康情况，注意生活护理的细节。晚检时关注幼儿整体的精神状况，观察幼儿肢体动作有无异常。在帮助幼儿检查、整理衣服时，注意幼儿体温是否异常，是否有外伤或其他异常症状。及时与同班教师沟通，根据情况及时处置。

通过引导和锻炼，有不少小朋友可以自己整理衣服。教师在鼓励表扬的基础上，还应进行检查。因为小班幼儿自理能力较弱，有时做不好，影响孩子的身体健康。如我们在工作中就发现，有的孩子上完厕所，只提起秋裤和外裤，小内裤却没有提上来。小班幼儿的小手肌肉力量还不够，反手披好衣服比较困难，因此常常会发现，孩子们自己披衣服时，小肚皮盖得好好的，后腰处的衣服却没有披好；有的小朋友洗完手后，只放下了外衣的袖子，秋衣的袖子还在肘窝里。这都需要教师通过每个环节后的检查及晚检时的检查及时发现，给予指导、帮助、护理。

关注幼儿生活自理能力的培养，保护与锻炼并重。做到既不包办代替，又要护理到位。如在鼓励、指导幼儿学习整理服装的基础上，及时发现个别需要帮助的孩子，给予适当的帮助。

幼儿园比较注意培养幼儿的自我管理能力。虽然小班孩子年龄小，自己收拾整理自己的物品还比较困难，但是培养幼儿整理自己的物品却可以从小班就开始了。如幼儿园的小更衣柜有两个包，一个大书包，内装幼儿换洗的衣服，一个幼儿园发给孩子的小布包，用来每天携带物品。因此，晚离园时，我们会教孩子将幼儿早上带来的布包（统一）从柜子里取出来，引导、帮助孩子收拾整理。将自己的小物品、小奖品等带回家，引导幼儿分清自己和别人的物品，知道不是自己的东西不能带回家。

3.关注幼儿安全。

◆人员配合。小班幼儿安全自护意识和能力弱，需要成人引导、帮助的地方多。比如，离园前环节，没有吃完晚饭的小朋友、如厕的小朋友、进行过渡环节游戏的小朋友都需要教师的关注和照顾。班里几位教师就需要紧密地分工合作，才能更好地保证幼儿晚离园前各项活动的顺利、安全。

◆当带班教师接待家长时，配班教师一定照看好等待家长的小朋友，关注他们的安全、情绪，给予及时的照顾。

◆严格执行幼儿园的离园接送制度，比如，家长凭借接送卡来接幼儿。不是平时来接的家长，就算是拿着接送卡，教师也应与家长取得联系，确认是家长委托的，才能将孩子交给接送人员，确保安全。

◆教师一定要将孩子递到家长手里，以免孩子自己跑出教室，出现危险。

4.关注礼貌教育。离园时，引导孩子有礼貌地与老师和小朋友说再见，和父母长辈打招呼。

5.注重与家长的沟通交流。小班幼儿年龄小，各方面能力弱，又表达不清楚，因此家长更敏感。小班幼儿的家长有着强烈的与教师进行沟通的需求，渴望教师多说一些自己家孩子在园的表现。而教师又没有太多的时间与家长进行沟通，沟通不到位又容易引起家长的不信任。因此，我们常采用需求式沟通与针对性沟通两种办法。

需求式沟通，即家长问什么，我们答什么。如孩子吃得怎么样？宝宝今天中午睡了吗？孩子今天大便了吗？等等。这些方面就要求教师认真观察，了解孩子在园生活的情况。如实向家长进行反馈，方便家长了解孩子的情况。

针对性沟通，即根据孩子的情况，有针对性地与家长进行简短的沟通。比如，今天孩子吃得很多，教师担心孩子回家还吃东西，会积食上火，教师会有针对性地告诉这位小朋友的家长，孩子吃了多少东西，建议家长回家可以给孩子吃点水果或有助于消化的食品，以免孩子积食。有的孩子偶尔没有午睡，教师应该向家长反映一下，以免孩子因疲劳而闹觉，甚至发生危险。还有的小朋友在园表现出一些行为问题，如攻击性行为、严重的挑食等，教师应与本班教师沟通后，有针对性地留家长谈话或找时间专门约家长沟通。寻求家园共育，帮助孩子发展。

总之，教师与家长交流不能太随便，一定要有意识地回应家长的询问，在理解接纳家长的基础上，客观回应家长的问题，逐步赢得家长的信任与配合。

（三）中班离园活动目标、特点及教育策略

目 标	特 点	教育策略及注意事项
*情绪稳定愉快，等待家长来接	升班初期，在离园环节，个别孩子会产生焦虑情绪 中班幼儿较熟悉幼儿园的生活，随着升班适应期过后，多数中班幼儿会表现为情绪稳定愉快	*晚餐后，组织幼儿自己选择游戏或玩具，自由自主的游戏活动能够帮助幼儿较好地放松情绪，营造宽松自主的精神氛围，有利于帮助幼儿放松情绪，更快地适应升班适应期 *游戏中，教师与幼儿自然交流，轻声提醒幼儿做好离园前的准备，是一个增进师幼情感的好时间 *升班初期，个别幼儿情绪焦虑时，教师要给予关注，尽量安抚
*在教师的引导下，能够有序地完成离园前的准备活动，逐渐做到自主完成，基本不用提醒	*中班幼儿的自主性逐渐发展起来，有独立自主做事的需要	*利用集体讨论、图示等方法，帮助幼儿记住晚餐后、离园前要做的事情。收拾餐桌、餐具、擦嘴、搬椅子、进入晚餐后离园前的过渡游戏区域、如厕、整理衣服。从引导提示，到鼓励幼儿自主完成，促进幼儿做事计划性、自主性的发展（创新提示方式，如音乐、歌曲、铃声等，如果只是教师不断地去说，会造成幼儿对提示的不敏感，同时也阻碍幼儿自主性的发展）
*做事认真、不磨蹭	*中班幼儿的生活自理能力逐渐发展起来，个别幼儿时间观念较弱，做事不专心，有些磨蹭	*利用小沙漏、定时器等计时工具，慢慢帮助幼儿建立时间观念，培养幼儿做事专心、不磨蹭的做事习惯
*根据自己的意愿选择离园前的活动，遵守活动规则	*中班幼儿自主能力提高，乐于根据自己的意愿选择游戏活动，并能主动遵守游戏规则	*与幼儿讨论商量，确定分区游戏的内容和规则。开设桌面建构区、美工区、玩具区、图书区，允许幼儿自选游戏内容，并能够遵守游戏规则（升班初期，可从两个区的设置开始，逐渐增加区域）

（续）

目　标	特　点	教育策略及注意事项
*与同伴发生冲突时，能在他人帮助下和平解决	*喜欢与小伙伴一起游戏，常以"告状""攻击"的方式来解决问题，需要在教师的引导，逐渐丰富解决问题的经验，提高社会交往能力	*离园环节为幼儿自由自主的交往提供了机会和条件，满足了中班幼儿逐渐增长的社会交往、合作游戏的需要。但是，幼儿解决交往问题的经验还不足，教师在组织离园环节时，要注意观察幼儿的交往情况，引导幼儿遵守规则，保证安全，捕捉教育契机。在引导幼儿解决问题的过程中帮助幼儿丰富解决问题的经验，尝试交换、轮流、谦让、分享、协商、合作等多种方法，不断提高幼儿的社会交往能力
*在教师的引导下，自觉主动整理仪表，喜欢干净和整洁	*在成人的引导下，中班幼儿喜欢干净和整洁 *个别幼儿自理能力较弱，需要教师提示或帮助	*仪表整洁是对自己和他人的尊重。引导教育幼儿喜欢干净和整洁 *关注幼儿的个体差异，对于个别自理能力较弱，不能自主整理好仪表的幼儿，教师要注意保护照顾与锻炼并重，帮助幼儿逐步提高自理能力 *在日常观察的基础上，离园环节也要细心地进行晚检，发现问题，及时解决
*任务意识	*中班幼儿有一定的任务意识	*离园前，中班教师一般会布置一些小任务，引导幼儿晚间活动，家园共育，培养规则意识 *升班初期，关注幼儿个体差异，注意中小班衔接
*礼貌教育	*多数幼儿有礼貌地与老师和小朋友告别，和家长打招呼、问好	*礼仪教育，引导幼儿逐渐做到主动与老师小朋友说"再见"，和家长打招呼、问好 *关注幼儿个体差异，培养幼儿"讲礼貌"的好习惯
*家园沟通促进家园共育	家长有强烈的需求，尤其是升班初期，且更换了中班教师的班级，家长极想与老师交流孩子升班适应的情况	*日常利用班级微信群，有目的地与家长沟通 *有意识地回应家长的问询。尤其是升班初期，家长们都很敏感，教师们与家长交流不能太随便，一定要有意识地回应家长的询问，在理解家长、悦纳家长情绪的基础上，客观回应家长的问题，也要注意安抚家长的情绪，以细心的生活护理和观察、教育，逐步赢得家长的信任与配合

（四）中班离园活动案例分享

案例：如何组织好中班的离园活动

幼儿一日的集体生活结束后，就要离开幼儿园回归家庭，每天看似简单的离园环节，也是幼儿一日生活的重要组成部分，也是重要的教育环节。离园环节是一日生活的最后一个环节，这段时间由于孩子们等待家长来接，心情焦急、兴奋，如果组织不好，孩子们便会浮躁，易发生危险。如果严格管教，又可能造成幼儿负面情绪，影响幼儿第二天愉快、顺利地入园。

第一，根据中班幼儿的年龄特点、兴趣，组织适宜的离园前的过渡环节活动。如果让孩子吃完晚饭就坐在小椅上消极等待，势必会增加教师不必要的管理。这样孩子容易出现负面行为和负面情绪，教师也会很辛苦。这个时候，可以选择一些比较安静的活动，比如拼图、搭积木、观察动植物、看书或玩些手头的益智类玩具等，不宜太激烈，以减少幼儿浮躁的情绪。这样孩子们在玩的时候，也能够比较安静专注。即便个别幼儿在交往中出现一些问题，对于其他孩子的影响也不大。教师关注并及时给予引导，帮助幼儿学习解决游戏、交往中遇到的问题，还可以大大促进幼儿交往能力的提高。

先吃完晚餐的孩子可先进行游戏，其间，还可以培养孩子自主如厕、收拾整理离园物品等生活自理能力。这种较为自由、自主的过渡环节游戏，能够使孩子们紧张的情绪放松下来，同时减少教师组织孩子活动的压力，使离园活动更为顺利、省力。

第二，向孩子提出离园常规要求，给予生活自理方面的提示，并进行晚离园前的检查。在晚餐即将结束时，教师可以根据小朋友们离园常规中的问题，提一些简单的要求和提示，如"吃完饭的小朋友，可以玩会儿玩具，别忘了收玩具前要去上趟厕所，一会我们站队离园，爸爸妈妈可不好带你找厕所啊！我们都是中班的小朋友了，上完厕所，我们要自己整理好衣服，一会儿老师看看哪个小朋友的衣服最整齐。"等这样的提示和指导。离园前的过渡环节中，教师要有目的地观察孩子们是否按要求自主如厕，自主进行离园前的准备。在这个过程中，培养幼儿做事不磨蹭的好习惯。通过一对一的指导、明示、暗示，帮助幼儿提高生活自理能力。教师在这个环节还很有可能正在进行餐后收拾整理，因此也可以针对中班幼儿的年龄特点，引导幼儿之间相互帮助，如相互整理衣服等。这样，既可以培养孩子们的自理能力，又能使孩子之间增进同伴友情，培养幼儿善于帮助、关心他人的情感。同时，教师还要有意识地进行晚检工作，如观察幼儿面色、体态、动作有无异常，及时发现问题并解决问题。针对中班幼儿的年龄特点，教育幼儿有不舒服或受伤时，一定要第一时间主动告诉老师。

第三，组织离园前的谈话，保证幼儿安全、愉快地离园。音乐是孩子们收玩具回座位的信号，收玩具后，孩子们安静下来，教师要组织离园前的最后一次谈话了。通过谈话总结一天的学习、生活，表扬孩子们的进步，使孩子们以愉快的心情离园。在这一时刻，请不要吝惜你的表扬，给孩子们最好的祝福吧！幼儿经过一天的集体生活，会发生很多高兴的、不高兴的事，这时教师可以和孩子们一起回顾一下今天发生的高兴事以及今天的进步。鼓励孩子的进步可以是面向全体的，也可以是面向个人的。如"咱们今天下午户外活动时玩了一个新游戏，谁还记得游戏的名字？"在这个环节，尽量使用社会性奖励，如鼓掌、拥抱、亲吻、击掌等，少使用"小红花""小礼物"等物质奖励，否则，得奖的孩子高高兴兴的，而没有得奖的孩子容易产生负面情绪。中班的孩子好强、自尊心极强。还不能像大班的孩子一样认识到"自己"与"别人"各有所长，应该相互学习。孩子们看到别人得奖，常常会向老师报告："老师，我今天也没有迟到。"没有得到老师的表扬，也会很失落。中班幼儿处理负面情绪的经验还比较缺乏，因此，教师最好不要选择在离园环节"批评"孩子。

离园时，班里教师要合理分工，一名教师在门口叫幼儿名字，一名教师在队伍前方整队，另一名教师在队伍中提示孩子排队常规，听到叫谁的名字，就将那名幼儿送到前方站位的教师手中，确保幼儿安全、有序地离园。

第四，家园共育保证幼儿安全、有序离园。如利用家长会、微信群等途径帮助家长了解接送孩子的要求，争取家长的理解和配合。比如，接送孩子要带接送卡，不要大声喧哗，不拥挤，排队等候等。有的家长想和老师交流一下自己孩子的表现，教师尽可能给予简短的回复。简短交流不能解决的问题，可以请家长等一会儿，等大家都接完了再与他交流；也可以与家长预约谈话，不方便面对面谈话时，也可以预约打电话、微信等方法交流。

总之，看似简单、短暂的幼儿离园环节，却是幼儿园生活活动中不可忽视的一个重要环节。离园前的活动是琐碎、繁杂的，也是幼儿一日活动的完美谢幕，而这个谢幕是家长每天都能看到的，家长对幼儿园以及教师的印象和评价往往都是在这些入离园的简短交流和观察中慢慢建立起来的，所以就更需要教师在反思中不断地调整、改进，争取家长的理解和配合，使孩子们获得更加安全、快乐的发展。

（五）大班离园活动目标、特点及教育策略

目　标	特　点	教育策略及注意事项
*情绪稳定愉快，等待家长来接	大班幼儿适应能力较强，绝大多数幼儿升班后能够很快地调整情绪，适应良好，情绪稳定愉快	*晚餐后，组织幼儿自己选择游戏或玩具，自由自主地游戏，自主做好离园前的准备，营造宽松自主的精神氛围。游戏中，允许幼儿与老师、同伴自然交流，不大声喊叫。这是一个增进师幼情感，提高幼儿社交能力的时间和机会 *升班初期，个别幼儿有焦虑情绪时，教师要给予关注，尽量引导幼儿学习调节负面情绪
*能够有序自主地完成离园前的准备活动，做事又好又快	*大班幼儿有独立自主做事的需要 *幼儿存在个体差异，有的幼儿时间观念弱，做事磨蹭；有的幼儿做事快，但是马虎	*利用集体讨论、图示等方法，帮助幼儿记住晚餐后、离园前要做的事情。收拾餐桌、餐具、擦嘴、搬椅子、进入餐后过渡游戏区域、如厕、整理衣服。较中班多一项任务，就是收拾书包，准备好要带回家的东西。鼓励幼儿自主有序完成，又好又快，促进幼儿做事计划性的发展 *帮助幼儿学习认识时钟，记住离园的时间，感知时间，帮助幼儿建立时间观念，培养幼儿做事专心、认真、不磨蹭的良好习惯
*根据自己的意愿选择离园前的活动，遵守活动规则	*大班幼儿的生活自理能力及社会交往能力较强。能够遵守游戏规则，自主有序地完成各项活动	*与幼儿讨论商量，确定分区游戏的内容和规则。开设桌面建构区、美工区、玩具区、图书区，允许幼儿自选游戏内容，并能够遵守游戏规则。全班开放，在分区游戏的基础上，还可以允许幼儿收拾书包、准备要带走的天气预报表、作业纸等
*与同伴发生冲突时，尝试自己协商解决	*幼儿存在个体差异，个别幼儿在游戏中表现出自我意识强，遇到问题不能和小伙伴协商解决。有的比较霸道，有的比较怯懦等	*离园环节为幼儿自由自主的交往提供了机会和条件，满足了大班幼儿逐渐增长的社会交往、合作游戏的需要。但是，大班幼儿解决问题的能力存在个体差异，教师在组织离园环节时，要注意观察幼儿的交往情况，当幼儿不能自己协商解决问题时，给予适时的引导和指导；当幼儿可以自己协商解决问题时，教师要给予鼓励，并可利用过渡环节，帮助幼儿总结、分享经验，帮助幼儿丰富解决问题的经验，提高社会交往能力

（续）

目　标	特　点	教育策略及注意事项
*能够自觉主动整理仪表，喜欢干净和整洁	*绝大多数幼儿喜欢干净和整洁 *个别幼儿需要教师的提示或帮助	*仪表整洁是对自己和他人的尊重。引导幼儿喜欢干净和整洁 *关注幼儿的个体差异，对于个别自理能力较弱、自主性较差的幼儿，教师要注意保护照顾与锻炼并重，促进幼儿能力的逐步提高 *在日常观察的基础上，离园环节也要细心地进行晚检，发现问题，及时解决
*任务意识	*大班幼儿有一定的任务意识 *幼儿存在个体差异，个别幼儿任务意识较弱，需要教师或家长提示	*离园前，大班教师都会布置一些需要回家完成的小任务，引导幼儿晚间活动后家园共育，培养幼儿的任务意识 *根据幼儿的个体差异，给予幼儿个性化的指导
*礼貌教育	*多数幼儿有礼貌地与老师和小朋友告别，和家长打招呼、问好	*礼仪教育，引导幼儿逐渐做到主动与老师、小朋友说"再见"，和家长打招呼、问好 *关注幼儿个体差异，培养幼儿讲礼貌的好习惯
*家园沟通促进家园共育	*家长有强烈的与教师沟通的需求，尤其是升班初期，想与教师交流孩子在园的情况	*日常利用班级微信群，有目的地与家长沟通 *有意识地回应家长的问询。尤其是个别较为敏感的家长，老师们与家长交流不能太随便，一定要有意识地回应家长的询问，在理解家长、悦纳家长情绪的基础上，客观回应家长的问题，也要注意安抚家长的情绪，以细心的生活护理和观察、教育，逐步赢得家长的信任与配合 *针对大班幼儿幼小衔接的需要，有针对性地与家长进行沟通，争取家长的支持和配合，家园共育，促进幼儿各方面能力的发展
*尝试参与幼儿园的一些管理活动，培养幼儿对幼儿园的归属感	*幼儿爱自己的幼儿园、班级，有归属感	*可以引导大班幼儿参与离园管理，如帮助提示同伴，与老师共同接待家长等，满足幼儿归属感的需要，促进幼儿社会交往能力的提高

（六）大班离园活动案例分享

案例：如何组织好大班晚离园活动

《幼儿园教育指导纲要》指出，幼儿园应为幼儿提供健康丰富的活动环境，满足他们多方面发展的需要，使他们在快乐的童年中获得有利于身心发展的经验。离园环节是很重要的环节，教师应做好充分的准备，创设温馨安静的氛围，组织幼儿一起活动，热情接待家长，与个别家长交流幼儿的表现，亲切地与幼儿说再见，促使幼儿第二天高兴地来幼儿园。

1.学习收拾整理自己的物品，提高幼儿的生活自理能力。大班幼儿饭后能有序地做事情，独立收拾好自己的衣物，教师要注意培养幼儿做事认真有序的良好习惯，为大班幼儿的幼小衔接做好准备。引导幼儿把自己准备带回家的物品放到固定位置，方便拿取，帮助幼儿建立初步的"置物有定位"的意识，满足幼儿秩序感的需要。教师还要积极带领幼儿一起参与整理，学会整理书包，学会穿外套等生活技能，逐渐使幼儿感受到自己的能干，提高生活自理能力，树立自信心。在培养过程中，根据幼儿的个体差异，给予幼儿及时的指导、帮助、鼓励和认可，营造身心愉悦、放松自主、有序的氛围。

2.能够自主选择相应的活动，做事有计划性。幼儿园在离园环节中，要求幼儿在晚餐后，自主完成一些离园前的准备工作。根据大班幼儿的年龄特点及发展需要，教师要关注幼儿做事的自主性和计划性。如将需要带回家的东西装到书包中，自主如厕，将衣服整理整齐。然后，可以放松与小朋友一起玩玩具，自然地交谈，等待离园前谈话活动的开始。因此，教师可以选择一些比较容易收拾的玩具和允许孩子进行一些比较安静的活动。如提供翻绳、迷宫球等手头玩具，允许幼儿进行观察动植物、看书、玩容易收拾整理的建构玩具等安静活动。这样既避免了消极等待，又给予了幼儿自主选择活动的权利，还促进了幼儿做事计划性的提高。在此过程中，教师边观察幼儿，边自然地进行晚离园前的晚检工作。教师有目的性地观察孩子是否自主如厕，自主进行离园前的准备工作，培养幼儿做事不磨蹭、有序自主的好习惯。另外，活动还满足幼儿自主自由交往的需要，促进幼儿交往能力和解决问题能力的提高。

3.有意识地布置简单任务，培养幼儿的任务意识。教师组织幼儿开展离园前的最后一次谈话。教师根据大班幼儿的年龄特点，有意识地布置一些简单任务，培养幼儿的任务意识，为幼儿入学做好准备。比如可以结合目前正在进行的主题，引导幼儿在回家后的晚间活动中，完成一些简单的任务。如在"工具总动员"主题中，请幼儿回家找一找不同种类的工具，包括五金工具、交通工具、通信工具、厨房工具等，引导幼儿在生活中观察家长是如何使用这些工具的，还可以在家长的陪伴下尝试使用一下可以操作的工具。如帮助妈妈做饭、择菜、洗菜，通过实践认识厨房的各种工具，也让幼儿体会到家长的不容易。引导幼儿在来园路上和爸爸妈妈谈谈见到的交通工具等。通过这些简短的谈话活动，引导幼儿知道回家后先要做完应该做的事情，也就是完成任务，再做自己喜欢做的事情，也就是自由活动。帮助幼儿合理地安排自己回家后的晚间活动，为幼小衔接做好准备。

4.离园时与家长打招呼，与教师和同伴说再见，养成讲文明懂礼貌的习惯。疫情期间，家长都在幼儿园门口接送幼儿，因此带队教师要提出简明的要求，"快""静""齐"，听到教师叫哪位幼儿的名字，就将那位幼儿送到老师手中，确保幼儿与家长准确无误，保障离园活动的安全、有序。根据幼儿在园的一日情况，可通过与家长简短沟通，或者微信电话的形式沟通，帮助家长了解幼儿，共同促进幼儿成长进步。

"一日生活皆教育"是幼儿园课程观的体现。离园活动也是教育活动，只要教师心中有孩子，有发展目标，观察孩子们的一举一动，捕捉教育契机，认真组织好离园活动，孩子们也可以在活动中获得不同的发展和进步。

图书在版编目（CIP）数据

幼儿园各年龄班生活活动的特点与教育策略／李春
华主编 . —北京：中国农业出版社，2021.11（2024.11 重印）
ISBN 978-7-109-28971-0

Ⅰ. ①幼… Ⅱ. ①李… Ⅲ. ①活动课程－学前教育
Ⅳ. ①G613.7

中国版本图书馆 CIP 数据核字（2021）第 253457 号

幼儿园各年龄班生活活动的特点与教育策略
YOUERYUAN GE NIANLINGBAN SHENGHUO HUODONG DE TEDIAN YU
JIAOYU CELÜE

中国农业出版社出版
地址：北京市朝阳区麦子店街 18 号楼
邮编：100125
责任编辑：马英连
版式设计：杨 婧 责任校对：吴丽婷
印刷：北京中兴印刷有限公司
版次：2021 年 11 月第 1 版
印次：2024 年 11 月北京第 3 次印刷
发行：新华书店北京发行所
开本：700mm×1000mm 1/16
印张：10.75
字数：210 千字
定价：48.00 元